「未知世界の旅びとシリーズ」

宇宙方程式の研究

小林正観の不思議な世界

小林正観
VS.
山平松生《インタビュー》

風雲舎

カバー装幀――浅香ひろみ

〈はじめに〉

本人の私が読みたい小林正観論

小林　正観

ありがたいことに、私には私の考え方を一冊の本にまとめ出版してくれる出版社が三社もあります。私の書いた原稿を編集し出版してくれる浜松の弘園社。私の第一作の『22世紀への伝言』からスタートして、すでに七冊の本を出しています。

私が講演会で話したテープを集め、それを編集してくれるのが徳島の英光舎。三つ目は、私が話したジョークやダジャレだけを集めて本にしてくれる宝来社。

一人のために三つの出版社が作られた、というのは私自身も聞いたことがありません。もともと〝使命感〟なしにやっていることなので展開が不思議ですが、あれこれ言わず、〝お任せ〟してやってきました。

そこにさらに一年ほど前に、風雲舎の山平松生社長が私を訪ねてこられ、あなたの視点がとてもユニークだから、ぜひ一冊書いてくださいとおっしゃいます。山平さんとお話ししてみると、私のこれまでの本を丁寧に読んでいて、ここがいい、あれがすばらしい、これまでこういう論を立てる筆者はいなかった、などと熱心に執筆を誘うのです。

山平さんはある出版社に長く勤め、これまでに二千冊ほども本づくりに関わってきた編集一筋のとても優秀な人です。私は山平さんの熱意にほだされその気になったのですが、なにしろ年間三百回を越える講演で、原稿を書く時間がありません。そんなことでいろいろお話ししていくうちに、山平さんは私の気がつかなかったポイントをすらすら挙げるのです。へえ、そういう見方もあるのですか、それこそユニークですね、私もそういう小林正観論なら読んでみたいですね、ということになりました。

そこで私はこう提案しました。

山平さんの質問には何でも答えますから、山平さんがまとめてくれませんかと。

山平さんは編集者だというのですが、ご本人には筆力も構成力も十分にあるのです。

最初、山平さんは、編集者というのは人が書いた文章をたたいたりのばしたりする仕事なので、書く側ではないのだと固辞なさいました。結局、山平さんのインタビューに私がご存分にお答えするという形でまとめようということになりました。こうしてできたのがこの本です。本人の私が一読し、これはおもしろいと感じました。

他人の手による小林正観論をご一読ください。

まったく時間的余裕のない私を昼夜分かたず、遠く熊本や福島、山形まで追いかけてくださった山平さんのご苦労に感謝申し上げます。併せて、この本の取材のためにご協力をいただいた多くの方々にもお礼を申し上げます。

ありがとうございました。

二〇〇一年五月

「宇宙方程式の研究——小林正観の不思議な世界」〈目次〉

〈第二章〉ある転機

〈第三章〉生まれ変わり

〈第四章〉超能力から「ありがとう」へ

〈第六章〉「ありがとう」の時代

〈まえがき〉

小林さん、あなたは何を見ているのですか

インタビュアー　山平　松生

井深さんと「目に見えない世界」のこと

僕は小さな出版社をやっています。

自分でいうのもなんですが、経営者というよりは編集者、というのが実感です。

ある出版社にいて、およそ三十年ほど本や雑誌づくりに関わってきました。

この三次元世界の政治・経済・文化などにどっぷり浸かり、どうすれば金儲けができるか、どうすれば成功するか、どうすれば国際通・経済通になれるか、どうすれば能力開発ができるか……、そういう本をわりと必死になってつくってきました。かれこれ千冊か二

千冊ぐらいの本づくりに関わってきたと思います。売れた本もあれば売れなかったものもあります。うむ、なかなかいい本だったと納得できる本もあれば、恥ずかしくて顔も上げられなかった本もあります。ベストセラーが出ればやはり嬉しく、出なければ出ないでしょげたりもしました。

でもだんだん、僕がやってきたことは何だったのかなどと考え込むようになります。それに、とにかく売れればいいみたいな本づくりに少々飽きがきていて、もっと深いところで捉えないとこの世の真実は見えないぞ、などと感じていました。

目に見えるこの世界のもう一歩奥のところで、世界の本質がどう形成されているのか、これまでに信じてきた常識世界がどこかうろんなものではないか、などと感じるようになってきたのです。

そういうこちらの弱点を見透かしたように、君はいったい何をしているの、君の人生の目標は何なの、というストレートな問いを発してくださった人が井深大《いぶかまさる》さんでした。もう十五年ほど前のことですが、僕は当時編集者として、ソニーの井深さんの本をつくろうと井深さんのもとに出入りすることを許されたのでした。ソニー本社にある井深さんの名誉会長室、三田にあるご自宅、箱根、軽井沢の別荘はむろん、井深さんが出入りするところはどこへでも図々しくついていき、井深さんが会う予定の方々のリストを見ておもしろそうな場面には、秘書のような顔をして同席を許してもらい、そんなふうにして井深さんの考え方を教わっていたのです。

井深さんは、人の役に立つものを生み出そうといろいろな電気通信の商品を世界に向けて発表し、信頼する仲間と一緒に今日のソニーという会社を創りました。井深さんには独自のモノづくりの考え方があり、その考えが世間に受け入れられていくことに喜びと自信を感じていました。

しかしあるときふと、自分たちが作ったそれらの商品がどうも単なる雑貨と化していること、モノが溢れかえってやがて人間が飲み込まれてしまいそうなこと、モノが大いばりで人間たちを支配しはじめたことにとても深い危惧を抱きました。

これではいけない、こんなはずではない、人間はこんなことをしていていいのだろうか、もっと人間が本来持っている心や意識といった内面を考えないといけないのではないか……、井深さんは深く考え込みます。

幼児教育から東洋医学の研究を経て「モノ」から「心」へ、時代のパラダイムを変えようという井深さんの信念はますます高まります。

当時、井深さんが到達したポイントは「気」でした。万物を構成する「気」のことが分かれば人類はもっと変わるにちがいない……。人間はいま流布している「ものさし」を変えなければならない……。

僕が出入りを許された時期は、モノづくりの井深さんから思索者の井深さんへと変身した時期のど真ん中だったようです。ふつうの産業人はここまでいきません。功成り名を遂げると、会社や世間のご意見番としてにらみを利かせるか隠棲してしまうのが通例です。井深さんはそうではありませんでした。自分がお世話になった近代合理主義の祖・デカルトさえも、「もう捨てちゃえよ」とまで言います。近代科学や合理主義ではもう間尺《ましゃく》に合わないと察知していたのです。

井深さんは晩年、産業人では初めてという文化勲章を頂戴するのですが、ソニーを創った、電気通信機器を作った、幼児教育に功があった……、そんなことで勲章をくれるというのなら、いま私がやっている人間の心・意識・気の研究について、もう十個ぐらいの勲章をくれまいか、などと物騒な発言をします。

世間は、おうおう、井深さん元気だね、いいぞいいぞと老骨の意気軒昂ぶりに喝采を贈りますが、井深さんは本気だったのです。こんなことではいつか行きづまりがくるぞ、みんな、早く「ものさし」を変えなさいよと言いたかったのです。

井深さんのところに通ったこの時間はたとえようもなく愉快な時間でした。調べものや宿題がポンポン飛んできて、これを読め、あれに目を通しておけ、あの人の考え方をまとめておけ、この人に会ってこいと、矢継ぎ早の指令が下りてくるのですが、井深さんからサラリーをもらっているわけでもないのに、その指示がいっこうに苦になりません。「気」のことを学ぶということは、心や意識、目に見えない世界のことを学ぶことにつながりました。

そういえば井深さんはいつも遠くのどこかを見ていました。現実世界のことについて考え込む時間はむろんあったのでしょうが、僕が知っている井深さんはなにかじっと遠くに視線を当てていて、たとえば「気」についてごちゃごちゃ問いただす僕の質問に、ふと我に返って、それはね、ほらこう見ればよく分かるでしょう、などと答えてくれたものです。十年間ぐらいのそんな時間を経て、しだいに目に見えない世界のことが深く僕の意識の中に根を下ろしたのです。

岡田多母さんのこと

考えてみればこういう人はやはりおりました。

岡田多母《たも》さんという秩父の山中でヒーリングをやっているご婦人は強烈でした。

いわゆる「チャネラー」と呼ばれる一人なのですが、ほんとうの肩書きをなんといえばいいのか誰も分かりません。ヒーラーとか覚者《グル》と呼ばれることもあるようです。自分の過去世《かこせ》がよく見えていて、三度にわたる転生をはっきり記憶しているのです。むろん他人のことにも洞察は及ぶのですが、あまり人前でしゃべってはいけないという親の戒《いまし》めがあったり、自分が見てきた宇宙の実像とこの世のルールの違いや複雑多重さにあきれ果てたり、誰にもその悩みを話せないことにずいぶん苦しみます。

しかしある日、統合を得て自分のすべてを語りはじめました。ふつうの赤ちゃんは、おぎゃーと生まれた瞬間に向こうの世界のことは一切忘れるそうなのですが、岡田さんはなにか気になるものがあって、その記憶の布《きれ》はじを引っ張っていたら、ある日ずるずると自分の過去世が見えてきたというのです。

岡田さんはどちらかというと天上界、神々の世界に強く、夜ごと夜ごと天空を飛翔しては神々に会い、この宇宙の成り立ちと地球の来し方行く末について学び、それを地上界の人々に語るのです。その洞察力の鋭さを、あの船井幸雄さんが、「岡田多母さんの特性は直感力に特に優れた人。どんなことについても瞬時に正しい答えの分かる能力を持っている」と評しました。

お目にかかった当初は、岡田さんの話す内容はまったく聞き取れませんでした。岡田さんの語る内容が常人の僕には荒唐無稽で、想像を絶していたからです。しかし　年二年とじっくりお話を聞くにつれて、岡田さんの話す内容が半分ぐらい理解できるようになりました。

世の中にはおかしなことを言う人がいるんだなと思いながら、だんだん僕はそういう人たちの世界に惹かれていきました。こうして「目に見えない世界」のことと、『それをじっと見ている人」のことが、僕にとって気になるテーマになったのです。

小林正観さん、あなたの正体は何ですか

小林正観さんとのきっかけを与えてくれたのは、ある友人でした。ある会合で僕たちは知り合い、僕が出版社をやっていることを知ると、これを読んでみてと渡してくれたのが『守護霊との対話――中川昌蔵の世界』（弘園社）という一冊の本でした。著者は、小林正観とありました。読み終えてみると、へえ、すごい世界だなと強く惹かれました。しばらくしてやはり同じ小林正観さんの『波動の報告書――足立育朗の世界』（弘園社）という本を読みました。これはある意味で僕にとって開眼の一冊でした。

足立育朗さん著の『波動の法則』（ＰＨＰ）という本はすでに〝読んで〟いたのですが、

ちんぷんかんぷんで歯が立たず投げ出していたのです。ところがこの小林さんの本を読むと、難解な足立さんの波動論がよく分かります。そこはほら、こういうふうに考えると分かるでしょうとでもいうように、足立さんの言わんとする内容をこちらの次元レベルから解説してくれます。ははあ、足立さんと小林さんは同質なのだということが分かりました。同質ですから、お互いの言うことがよく分かるのです。

出来の悪い生徒の立場からいうと、小林さんはちょうど小学生のころ分数計算が分からなくて手こずっているとき、ちょっと視線を変えてごらんと教えてくれた先生みたいです。なるほどなるほどと大きくうなずきました。

それにしても見えている人がいるものだなと感じた僕は、小林さんの講演を聞きに行き、やがて直接お話をする機会を得ました。これまでに出版された本をほぼ読み尽くし、しかしその正体はいったい何ものだろうと思ったのです。つまり、小林正観という人がとても気になっていったのです。

小林正観さんは、まるで〝宇宙人のような不思議な人〟でした。なりこそふつうの地球人ですが、僕がずっと気にしていた「目に見えない世界」のことを、まるでそらんじているように、何でも〝見えて〟いるのです。

視線がどこか遠くの方をじーっと見ています。

こういう目をした人にはおっかない人が多いのです。おっかないとは、喧嘩が強いとか凶暴だというのではなく、何かを見てしまって、その何かの世界を知り尽くしていて、その世界とこの世を行ったり来たりしている人……、そういうおっかなさです。

意識もどこか遠いところにある様子です。確かにこちらの顔は見ているのですが、しかし見ていません。

小林さんの脳波

取材中のあるとき、小林さんの運転する車に乗せてもらったことがあります。

夕刻、東京から福島市まで五時間ほどの旅程です。高速道路を使ったのですが、その間ほとんど、小林さんは右側の車線をかなりのスピードで走行します。左の助手席には年若い友人が座り、あれこれ、日常的な会話がとぎれなく続きます。

車の運転というのは、前後左右を見て、いちいち状況に対応しなければなりません。つまり現実処理の世界です。スピードを出しすぎれば違反に問われるかもしれない。覆面パトカーが待ちかまえているかもしれない。なにより、遅い車、ちょこちょこ車線を替える車、ぐんと幅寄せしてくる車、グオーンとぶち抜いていく大型車などがいて、その現実にすばやく対応しなければなりません。小林さんは隣席の友人と会話しながら、これらの現実処理作業をほぼよどみなく、流れるようにこなします。

目的地に着いてから、「運転中の脳波は何でしょうかね」と尋ねると、「アルファ波とシータ波がごっちゃになってると思います。ふだんと一緒です。いつも寝てるんですね」との返事です。瞑想状態？　いつも眠っているような状態です。

小林さんは、ある人に脳波を調べてもらったことがあります。その結果は、ベータ波（普通人の日常状態）が〇パーセント、アルファ波（リラックス状態）が九パーセント、シータ波（深い瞑想状態）が九一パーセントだったそうです。ほとんどこれではまどろみ状態です。これが小林さんの常態なのでしょうか。

車の運転時も、車を降りて僕の質問にいろいろ話をしてくれているときでもほぼ同じです。どうやら小林さんと、ベータ波中心の僕とでは、脳波がずいぶん違うようだということが分かりました。

小林さんはほとんど日替わりのように講演会をこなしています。町から町へとところを変え、年間に三百回ほど講演するというのですから大変です。そのテーマをどうするか、そのレジュメを小林さんはあらかじめ用意しません。さて今日はこの話でいこう、と準備やシナリオを決めません。もしふつうの人が、今日はこの話、明日はあの話というふうに、下準備や下メモをとって連日講演するとしたら、ほとんどノイローゼになるでしょう。小林さんがノイローゼにならないのは準備を一切しないからだといいます。

準備をしない……。なんとかしなくちゃという概念がない……。それはベータ波に支配されていないという証拠かもしれません。

その日の具合、会場のみんなの顔、その場の雰囲気から、前の方に座っている人を中心に自然に語りかけます。すると自分の脳細胞の近くにある小林さんの神さま（小林さんはそれを守護霊と呼びます）が勝手にしゃべりだすというのです。それでいて同じパターンになることもくり返しになることもなく、結果的には上手にバランスが保たれるのだそうです。

ふーん、やっぱりおかしな人なのです。

脳波をベータ波からアルファ波、シータ波に上げていきなさい。脳波をアルファ波のほうへ変えていくと楽しいですよ。そうすると人生が変わりますよ、というのが、「小林正観の世界」の中でもとても重要なテーマです。このことは後で述べます。

しますが、ある本の中でプラトンとアインシュタイン

「向こうの世界」を見てきた人々

小林さんが書いた本はたくさんありますが、ある本の中でプラトンとアインシュタインとモーツァルトについて、こんなことを小林さんは言います。

このくだりが小林さんに対する僕の印象を裏付ける格好のサンプルなのでそっくり引用します。

「~プラトンの「想起説」が、私には大変興味深いものでした。「向こうの世界」とも関わってくるのです。

プラトンの「想起説」とは次のようなものです。

――人間が住むこの世界は「向こうの世界」の投影である。つまり〝影〟でしかない。本当の世界を「イデア」世界と呼ぶ(英語で「イデア」が「理想」という意味になったのは、プラトンの考えからです)。イデア世界は美しいものに満ちている。美しい絵、音楽、言葉、環境、花、川、野、山。そして抽象的概念。抽象的概念とは真・善・美を源とする概念のことで、愛、優しさ、思いやり、柔和、温厚、静隠、平安、くつろぎ、など。本当に価値あるものは目に見えず、形がない(それらの〝抽象

的概念〟を「イデア」と総称しました）。

この世に生まれいずる人は川の畔《ほとり》で一泊する。川の水はとてもおいしく、欲の強い人はガブガブ飲んでしまう。水を飲めば飲むほど、人は「向こうの世界」のことを忘れてしまう。川の名は「アメレス」という。「アメレス」とは「忘却」のこと。アメレス川の水をあまり飲まなかった人は、こちらの世界（影の世界）に来ても「向こうの世界」の記憶が鮮明で、その記憶を書きとめたものが美しい音楽になり、人の心を揺さぶる絵画になる。こちらの世界でいいものを作ったり残したりするのは、その人が作り出しているのではなくイデア世界の記憶が残っているためだ。「向こうの世界」を思い起こしている（想起している）だけである――。

（中略）

イデア世界の記憶をもっとも色濃くこの世に持ち込んだ人は誰だろう、と考えてみます。私が思うに、モーツァルトがその最右翼。四歳から作曲し、五百曲も曲を書いたモーツァルトは、不出来な曲がひとつもない。天才といわれるゆえんですが、モーツァルトの総ての曲が人の心を安らぎに導くというのは、やはり「神の領域」の人であったのだろうと思います。

余談ですが、いろいろな音楽を植物に聞かせると、ロックは花がしおれるが、クラシックは花を元気にするそうです。その中でもモーツァルトの曲にもっとも聴き惚れ、生育も、実を付けるのも、他の作曲家よりすぐれているそうです。心地よいのは人間だけではない、ということでしょう。

さらに、面白い逸話。

ある人が「相対性原理」のアインシュタインに「死とはどういうものなのでしょうか」と聞いた話があります。もちろん、物理学的な説明をしてほしかったわけです。アインシュタインの答えは、「死とはモーツァルトが聞けなくなることだ」というものでした。

プラトン、モーツァルト、アインシュタインなどが底流でつながっている、互いに共鳴している、というのは実に興味深いことです。（中略）

超能力者が見てきた世界と、プラトンの「イデア世界」とがよく似ていることを、頭に入れて下さい。プラトンも「見てきた」人だったのかも知れません。」

（『22世紀への伝言』弘園社）

いやいや、小林正観さん、あなたも「見てきた」人ではないのですか、あなたも「想起している人」ではないのですか、というのが最初のころの僕の直感でした。

小林さんは「胸の内にはいつもほかほか燃えているものがあって、それが私を静かに動かしてきたのです」と言います。あのまどろみの脳波状態から小林さんがふと口にした言葉ですが、僕が知りたいのはそこです。ほかほか燃えているもの、そのエネルギーの正体は何ですか。三十年間じっと見つめてきたものがどんなものなのか、それを知りたいと思いました。

このインタビューは、小林正観さんに原稿を依頼しようと一年がかりでお邪魔しているうちに、「山平さん、あなたが聞きたいことをまとめてください、それなりに私が答えますから」という経緯を経てこういう形になりました。その間、僕がたえず小林正観さんに発した質問は「いったいあなたは何を見ているのですか？」というものでした。

小林さんは僕の知らない世界をずっと以前から見ていて、そのはるかな地平からどさりとするようなことを、少しけだるそうに、顔色一つ変えずにぽつりぽつりと、ときには速射砲を連発するようにコメントしてくれました。

しかし残念ながらこのインタビューで、「小林正観の世界」がうまく表現できたとはまったく思えません。その理由は百パーセント、インタビュアーの資質によるものです。この機会をもらって、小林正観という不思議な人物に少し接近し得たことは大いなる喜びですが、「あなたはいったい何を見ているのですか?」という自ら掲げた問いに答えが出たとは思っておりません。小林さんが考察し定式化し実践してきたフィールドは膨大多岐なもので、むろんそのすべてを捉えようとしたわけではありません。せめて底流にある根っこのようなものを一、二本つかみたいと考えたのですが、これがなかなかの難事業でした。「まあいいじゃないですか、山平さん、やってみてください」という小林さんの不思議な力にやんわり押されて、力不足のまま不遜な行為に挑戦してしまいました。不出来な点、不首尾の点は挙げてインタビュアーの力量不足によるものです。みなさまのご批判を頂戴したいと思います。

二〇〇一年五月

〈第一章〉

不思議な人

透視

人がなぜそういう考えをもつに至ったか、小林正観という不思議な人が、どういう経路を経て目に見えない世界に入り、どういうプロセスで今日に至ったのか。モーツァルトのような「神の領域の人」も確かにこの世の中にはいるのでしょうが、小林さんの不思議さを考えたとき、若き日にどんなだったのかが気になります。

小林さんが記憶しているその第一歩は、おそらく中学校二年生のころに読んだ、雑誌でＰＲ《ピーアール》していた『君にもできる催眠術』という（ような題名だった）小冊子です。

エラリー・クィーンやアガサ・クリスティーなどの探偵小説を乱読する少年にとって、人間は不思議な潜在能力をもっていること、それにもかかわらず、じつは人間たちのほとんどがその力を使用していないという著者の指摘がまず驚きでした。

催眠術師によるこの書物は、中学生向けに編集されたとはいえ、しっかりした考えと内容で構成されていました。

いまでもはっきり覚えているくだりは、催眠術をかけられたまま、たとえばナイフで喉を突け、水の張っていないプールに飛び込めなどという指令がくるとします。そうした場合、いい加減な探偵小説などでは、登場人物がその指令をそのまま真《ま》に受け、実行します。

ところがこの著者によれば、そうじゃないんだよ、人間には防衛本能というものがあって、自分の身に危害を加えるそういう指令は本能的に拒否するものだ、とはっきり書いてありました。小林少年は安手の探偵小説にはない本物の匂いを、この書から嗅ぎ取ったのです。もちろん催眠術それ自体にも、したがってそのテクニックにも魅力を感じます。ほらこうすると瞼が重くなるよ、ほら、次には眠くなるよ、というような部分にも興味を覚えます。

しかし、中学二年生の小林少年の心に深い印象を与えたのは、どんなに催眠術のテクニックが上達しても、結局、その人間の人格の信頼性がすべてなんだよ、つまり大事なことはその人しだいなんだよ、という著者の結論でした。少年はなんとなくふーんとうなずきます。少年の心をかすめたこの結語は、小林少年の人生に不思議な余韻を残すことになります。

小林正観さんは東大法学部の受験に失敗し、一浪して中央大学法学部に入ります。まずこの三次元世界のあらましを、司法試験を目標に、法律というフィルターで見ようとします。弁護士よりも検事になりたかったようです。ところがすぐに、そんなものでは満足できなくなります。少年のころに学んだ催眠術や犯罪心理などへの関心が強く、人間の「心」に向かったのです。

そこで入ったのが「精神科学研究会」というサークルでした。

ESP（超感覚的知覚。予知、念力、テレパシー、透視）や、深層心理、精神分析など、つまり人間という生き物の「不思議さ」や「神秘性」を追求しようとします。

「精神科学研究会」に入った小林さんは、念力、テレパシーの研究に明け暮れ、超能力にもかなり目覚めたようです。


最初、ESPカードを使った「透視」に熱中します。ESPカードによる「透視」というのは、カードに〇＋□≋☆の五種類の模様が印刷されていて、それを裏返しにしておいてどれがどのカードかを当てる訓練法です。一日三時間練習するとして一カ月で百時間、およそ一年で一千時間ほど集中してみると、二五枚組のうち、二〇枚ぐらいまでは当てられるようになります。カードにある絵柄がにじむように浮かんできて、しだいに読みとれるようになったのです。なにかその方面の力が開花したのでしょう。

何ごとであれ千回やってみるとそれが身に付く、それを起点にして別の何かが見えてくる……、それが小林さんが得た収穫でした。素振り千本、千本ノックも同様です。あることを千回やってみる……、物理的にいえばそのくり返しの動作が脳内のシナプスに刺激を与え、するすると脳内のシナプスが伸び、あることを確実にしただけなのかもしれません。

しかし千回というのはなにかをなしとげるための最初の関門らしいと気がつきます。「千」は「仙」を連想させます。人が谷に下りると「俗」、人が山に登ると「仙」なのです。なんとなく小林さんはひと山越えた気分です。

人の死が見えた

ところが不思議なことに、それと並行して妙なことに気がつきます。出会った人の死期が感じられるようになったのです。この不思議な感覚は、同じころやっていた人相の中でも感じはじめます。他人の人相を観ていく中に死相が見えはじめました。

ＥＳＰカードの場合には印刷された絵柄を当てるのですが、だんだん隠れたその絵柄が裏面ににじみ出てきました。

人相の場合、その人の表情の中に二重写しになってもう一つの表情（無表情）が浮かんでくるのです。それが死相でした。一ミリ浮いていればこの人はあと二年ぐらい、二ミリなら一年、三ミリなら半年、四ミリなら三カ月、五ミリなら一カ月半……、まるでその人の魂が当人から抜け出したがっているように、その体から離れ出したがっているように見えだしたのです。

こうして直面したのが「死の世界」でした。

人の死が読めるのです。写真を見ては、この人、亡くなったでしょうなどと言い当てることができたりします。ピンピンしている生身の人間を見ても、近い将来のその人の死についてなにかを感じたりします。事実、感じたとおりになったことがよくあったそうです。「死の世界」に向き合うことは、人の寿命とは何だろうという疑問を呼び起こします。小林さんは多くの人の死を予見することで、ある疑念が頭の中に芽生えます。

どうも、人の未来は決まっているようだ、死ぬ日も生まれる前から決まっているらしい……。

後年、小林さんはこの疑念をつきつめ、人の未来は確定的に決まっていると結論づけます。もしそれが正しいのなら、何がそれを決めているのか、そんなシナリオを書いたのは誰だろう、神さまだろうか、いや、書き手は自分以外には考えられない。その書き手とはいま生きているこの自分ではなく、「生まれる前の自分の魂」が今生の設計図を描き、その設計図通りに人生を送っているのだ、と確信するようになります。

生まれる前の自分の魂が、というのがミソです。この「私」はいったい誰だろう。いま現に生きて話したり笑ったり、ものを考えたりしている「私」という人間はいったい何だろう。「私」はどこから来てどこへ行くのか、「私」は一回限りなんだろうか、死んだら終わりなんだろうか……。そういう自問自答の果てに、自分の魂がこの人生のシナリオを書いたのだと結論づけます。

学生時代からおよそ三十年かけて、人の死や輪廻転生や宇宙方程式への問いかけを重ね、小林さんの認識はかなり高いところまで達したようなのですが、それらの原点がこの学生時代だったにちがいありません。

山平　学生時代のこのあたりが小林さんの不思議さの原点という気がします。おもしろくてしょうがないほど不思議な力が開花していったようです。とりわけ人の死が見えたそうですね。そのあたりから教えてください。

小林　元気だった人が、私の予測通り死を迎えたときが大ショックでした。どうもおかしいなと思っていたのですが、その人はいきなり車にはねられ事故死でした。病気で死ぬなら分かる、体が弱って死にかけているというなら分かりますよね。しかし、その人の死は交通事故だった。ということは、その人の未来が決まっていたということになります。しかもそれを私が事前に認識していたのですからね。

山平　この時代、人の死が見え、そしてだんだん怪しい世界に入り込んだことに気づきます。後に、このことについて触れてはいけないと強く反省しますね。倫理観としてはなんとなく分かるのですが、じつのところ、そこまで見えていながら、これについては触れるなというタブーがよく分かりません。死はやはり格別のものですか。

小林　たとえば、ある人の死が見えたとします。その人に告げたらその日まで苦しませることになる。当たるか当たらないかは別として、「優しさ」の観点から、その苦しみを与えるわけにはいかない。だから、人の死は予見してもなんの意味もないんです。

ある超能力者は、生まれた年月日である計算をするとその人の死ぬ日が分かる、と言いました。しかしこんな方程式や計算式は知らない方がいいのです。もし知ったら、たぶん自分の死ぬ時を知りたがります。その方程式が正しいかどうかは、実在した人に当てはめてみれば正否がすぐに分かりますよね。世の中、大騒ぎになるでしょう。

私もただ一度だけ強い依頼を受けて、それとは別の方法で試したことがあります。人生最大の嫌悪感に襲われました。あの嫌悪感だけは二度と味わいたくありません。もう二度とやりません。「生死」の問題にだけは踏み込んではいけないのです。自分が神さまでもないのにそんなことは言ってはならない。

もし、どうしてもという人がいたら、条件があります。もう執着もエゴもすっかり消え失せて、悟りを開いた人が自分の守護霊に静かに聞いてみるのですね。自分の守護霊ならそっと教えてくれるかもしれません。

人間にはそういう能力があるということが分かっただけでいいのです。

山平　死と同時に、「盗」（犯罪や罪）、「姦」（男女関係）についても、決して論評しない、してはならない、と小林さんは言っています。その気になればいまでも見えているのですか。いや、じつは見えているのだろうと感じますが……。つまり誰かがなに食わぬ顔して小林さんに接近しても、すべてがお見通しというのであれば、とても怖い話ですね？

小林　よほど集中してみないと見えませんし、分かりません。いまでは見たいとも知りたいとも思わなくなりました。もし見えても決して言いません。死と同じです。かりにある人に死期を感じても、決してその人に伝えることはしません。寿命は決まっていると告げたところで意味はないんです。「盗」にも「姦」にも興味が失せました。他に楽しいことがいっぱいありますから……。

全共闘の時代

当時の大学といえば「全共闘」の季節です。

小林さんも全共闘の一員として「七〇年安保」を闘います。全共闘を象徴するものはヘルメットとゲバ棒、「闘争」です。とりわけ「内ゲバ」が有名でした。長い安保闘争の中で、闘争目標を喪失した新左翼の学生たちは行動方針をめぐって激論を交わし、承服できない相手を物理的に粉砕しようとしました。それが「内ゲバ」です。不思議な政治闘争の季節でした。

おまけに当時の中央大学は新左翼過激派の一派「社学同」の牙城でした。自治会の役員などをしていた関係で、小林さんにも少なからず、影響がありました。

全共闘運動の渦中にあってのテーマ「闘争」は、その後、小林さんの考え方の中心となる「人と競わない、較べない、争わない」という実践テーマと正反対のものでした。おそらくこの時期の活動が反面教師の役割をしているようです。

小林さんがよく言う言葉に「私は唯物論ですから……」というのがありますが、これもこの全共闘時代にインプットされた考え方なのでしょう。この立場は、彼岸にある「唯心の世界」にいきなり飛び込むのではなく、こちらの岸に足をつけ、科学的・実証的にものごとを見たいという小林さんのスタンスの確認なのでしょう。唯物論者を自称する人間が、なぜかくも強烈な精神世界の旅人になったのか、これはとても不思議な点です。これはおいおい見ていきましょう。

山平　いまの小林さんの実践テーマに、「争わない」というのがありますね。全共闘の時代はどんな雰囲気でしたか？

小林　あのころ私は正義感の塊でしたね。相手を糾弾し罵倒し、闘うのが大好きだった時代です。考えてみるとこの傾向は小学校中学校からの連続でした。クラス委員をしていて、掃除をさぼるクラスメートに文句をいい、なじっていました。家の中にそういう父親がいて、そういう原型しか見ていなかったからです。いつも正義をしょっていました。キセルや万引きなどの不正行為にはまったく縁がありませんでしたね。大学時代に始めたボクシングの腕も一役買っていたかもしれません。相手の攻撃がよく見え、パンチが避けられるのです。打たれないんですから楽しいんですね。リング上ではともかく、リングを離れての殴り合いはやりませんでしたが。

山平　小林さんの後をついていきますと、とても唯物論的なというか、実証的な部分があることに気がつきます。ある概念が浮かんだらそれを丹念に実証するような部分です。しかしその対極に、すっと天空に溶け込むように「見えている人」、「想起する人」の部分とが混ざり合っているのを感じます。

ある本の中で、唯物論と観念論の比率が五〇対五〇ぐらいだったのが、唯物論の部分がぐんと減ってきたと言っていますね。小林さんは見えている人だったと思いますか、それとも実証によってここまできたのですか？

小林　私の根底にあるのは唯物論ですね。いろいろ調べていくうちにずいぶん観念世界の方に引き込まれましたが、少なくとも唯物論の視点は失いたくありません。並行して年に数回ほど、向こうの世界（らしい）からのメッセージを受け取るようにもなりましたが、自分では、必ず実証的に検証してきました。ですから、透視、人の死、人相から始まって、この宇宙の方程式のようなものを実証的に見てきたつもりです。体験し、実証し、推論し、おそらくこれは確かにそうだといえると方程式化したものがおよそ百二十項目ぐらいに上りました。これらの基本にあるのは、いわば統計学です。実証から生み出されてきたものですよ。

しかしですね、というのが僕の印象です。

確かに小林さんの実証主義、唯物論は恐るべきものがあります。何を尋ねても即座に回答が返ってきます。膨大な読書量がそれを裏付けています。資料主義と強烈な集中力が作り上げた博覧強記の人、と言ってもいいかもしれません。今日までつかんできた宇宙方程式や原理のようなものの中には他人から得たものは皆無、すべて自分が自ら会得したことばかりだと小林さんは言います。それらは確かに実証主義者、唯物論の人であることを証明するものでしょう。

しかし、ワインの例を思い浮かべてみます。ブドウの一粒一粒は単なる果実に過ぎませんが、それが大量に仕込まれ、長い間寝かされ発酵させられると、えもいわれぬワインとなってその姿形を変えます。なにかがじっくり溜め込まれ、元の素材が溶解するまで寝かされることによってまったく違うなにかに変貌するもの、そういうイメージが湧いてきます。現象を体験し、実証し、推論することをくり返し、その経験則を溜め込むことで別物が生み出され、素材のレベルをはるかに超えるなにかを形成していった……、それが小林さんの不思議さにダブってくるのです。

たとえば小林さんが講演するとき、その力は自分の力ではない誰かに大きく依存しているのだろうといいます。天上の何ものかがその力を小林さんを通して付与するのだそうです。そのとき自分は単なる伝声管かもしれないと認識します。

実証の世界にこんなケースはあまりありません。唯物論の世界にも同様です。実証から出発したとしても、小林さんがどこか「見てきた人」の印象が強くなっていったのは、あながち僕一人の誤解ではないでしょう。

不思議な人々

この時期、小林さんの人生に大きな影響を与える人物が二人現れます。

一人は、中西旭先生という「精神科学研究会」の指導教授でした。とてつもないオーラを発している方らしく、神道宗教学会や神道国際学会の会長などを歴任し、日本の神社関係者で中西先生の名前を知らない人はいないそうです。小林さんが「念力」や「テレパシー」の研究から、ちょっと回り道をして生死の世界に関わるようになったときなど、「あまり深入りしない方がいいですよ」と重要なアドバイスをしてくれます。小林さんはこの一言で危ない道から引き返したそうです。中西先生はいまでもお元気で、毎朝三時に起床しては、水垢離《みずごり》をされるほどの壮健さだそうです。

もう一人はＧＬＡ（ゴッド・ライト・アソシエーション）という宗教団体を設立した高橋信次さんです。高橋さんは三十八歳で悟りを得て四十八歳で亡くなりました。活動した時期はわずか十年ですが、この道ではとても著名な方です。

ある日、ヘブライ人が現れ「おまえは三日後に死ぬ」と高橋さんに告げます。驚いた高橋さんは霊能者などに相談しますが、誰にも分かりません。すべての問題を整理し一切を家族に任せ、従容《しょうよう》としてその時を待っていると三日後に、くだんのヘブライ人が現れ、「おまえは悟った」と告げて姿を消したそうです。

その日から高橋さんは突然、ヘブライ語とサンスクリット語を、話し、聞き、読めて、書けるようになったといいます。むろん誰かが教えたわけでも、自分でひそかに勉強していたわけでもありません。しかしいったい何でしょう、この不思議な出来事は？　高橋さんが遠い前世で釈迦であったこと、その記憶がよみがえったということでしょうか。

いろいろな逸話に満ちている人ですが、現在心の研究をしている人で、この方の影響を受けなかったという人は少ないかもしれません。小林さんも影響を受けたようです。

「おまえは三日後に死ぬ」と宣告された情景を考えてみます。たとえば末期がんの場合です。ある日突然、あなたは末期がんです、もう時間がありませんと宣告されたとき、人はどんな反応を見せるか。
キューブラー・ロスというスイス生まれの死の研究者によれば、ふつうその段階は、「否認、怒り、取り引き、抑鬱《よくうつ》、そして受容」というステップをとるようです。
そんなはずがないとその宣告を否認し、なぜ私に？　と怒り、この仕事だけは仕上げたいなどと時間延長の取り引きをし、心を閉ざし、そしてやがて事態を受け入れるのだそうです（『死ぬ瞬間』読売新聞社）。

山平　高橋信次さんの話はすごいですね。三日後に死ぬと言われた高橋さんが静かにその時を待っていますね。自分の命さえ含め、この世に対する執着をすべて捨てたとき人は悟るのかもしれない、と小林さんは書いています。しかし、その「放下《ほうげ》」の仕方が強烈です。三日ですべてを捨てることが可能でしょうか？

小林　ほしいものをすべて三日で手に入れることはできないでしょうが、「捨てる」だけなら三時間でも可能でしょうね。
ほんとうに人は三日ですべてを捨てることが可能でしょうか。じたばたしなかったのでしょうか。宣告された時点で高橋さんはまだ悟りなんて得ていません。今日私は死ぬことになるかもしれない、後のことはよろしくと家族に言い遺し、その時を待つ……。

高橋信次さんの場合、その捨て方がなんとも強烈です。なにしろ待ったなしですから。

小林さんの印象によれば、高橋さんという人物は優しさや暖かさをにじませながら、大きな印象を与える人だったようです。それゆえ、またたく間に多くの人々を虜《とりこ》にしたのでしょう。

山平　その高橋信次さんが、ある集まりで、ここに集まったみんなは釈迦の弟子の生まれ変わりだ、覚悟しなさいと言ったそうですね。三十歳を過ぎたら、好むと好まざるとにかかわらず、必ずそういう世界にひっぱり込まれる、と。

小林さんの不思議さを考えると、あの言葉は暗示的ですね。いま振り返ってどう思いますか？

小林　冗談じゃない、そんなことがあるわけもないという立場でした。心底からそうでした。私は唯物論ですから。だから、なにをバカなことを言っているんだ、なにが釈迦の弟子なもんかと憤然として帰りました。

しかし三十歳を過ぎて、仕方なくどうしようもなくそっちに引っ張られました。不思議なものですね。釈迦の弟子の生まれ変わりだという指摘も不思議です。私はお釈迦さまの教えや考え方が大好きですが、仏教徒ではありません。お釈迦さまの例やお話をよく引き合いに出すのは、その話で納得して悩み苦しみから解放される人が多いからです。その結果として、お釈迦さまの話が多くなったんですね。

山平　このお二人をはじめ、小林さんの三十年にはたくさんの不思議な人々が登場します。足立育朗さん、中川昌蔵さん、北海道のヨモギの研究家の飯村寿三さん、滋賀県に住む「ありがとう」の実践者……。

僕でしたら気がつかないまま通り過ぎるのでしょうが、やはり類は友を呼ぶのでしょうか。同じものは集まるという波動の法則によるのでしょうか。

不思議な人はなぜ小林さんのところにくるのでしょうか？

小林　南太平洋の石器時代的生き方をしている未開の部族がいます。

一部族が八十人ほどで生活している血縁者たちですが、この人たちの言葉には「愛」も「優しさ」も「自然」という言葉もないそうです。私は「愛」や「優しさ」をたくさん口にする人はあまり信用しません。しかし、それ以外のところで人を説得する力を持つ人がいます。「実践者」ですね。そこに興味があるのでそういう人に目がいくということでしょう。

自我がなくなると望みがかなう

もう一つ、唯物論の小林さんを決定的に変身させる出来事がありました。

小林さんはある日、一人で八ヶ岳に登ります。高校時代に、友人たちとわあわあ言いながら一緒に登山したことがあり、防寒具、磁石、食料なしの軽装登山でした。ところが山にはやはり魔物が住んでいるのでしょう。午後一時半ごろから霧にまかれ、あたり一面の濃霧で、まったく視界が利かなくなります。ところは頂上付近の樹林帯。時間は四時半ごろで、だんだん日が暮れていきます。仕方がない、零下の山中で一夜を過ごそうと腹を決めました。がりがりのやせっぽで脂肪がまったくない小林さんは、これで死ぬのかなと思ったそうです。それにしても短い人生だった、遺書でも残そうかなどとも考えます。

そのとき突然、ある超能力者が言った言葉を思い出しました。

「ほんとうに困ったとき、自分の力がどうしても及ばないとき、近くに樹木があったら、そのうちいちばん大きい樹木に手を当ててお願いしなさい。この話は信じても信じなくてもいい。ただ覚えるだけ覚えておきなさい。完全に〈自我〉がなくなると、望みがかないます」

なぜかその言葉が思い出されます。一分でいいからこの霧を晴らしてくださいと必死に祈ります。

一心不乱に祈りました。助かりたいという気持ちも唯物論も全共闘も超能力もなし、見栄も外聞もありません。あんなに素直で透明な心になったことはなかったそうです。

そして奇跡が起こりました。まわりをびっしり埋め尽くしていた濃霧が、正面で三十度、ふっと切れたのです。里に続く道が見え、その向こうに里の家々が見えました。

こうして小林さんは一命を取りとめたのですが、すごい瞬間です。小林さんの骨格となるような出来事です。あの奇跡に出会わなければ確実に遭難していただろう、なによりあの不思議な体験が、私の唯物論的思考をうち破る大きなきっかけだった、と小林さんは書いています。

空気が分かる

小林さんは学生時代から、旅行作家という生業《なりわい》を得ます。各地を回るうちに、行く先々の宿には、それぞれにある空気が漂っていることに気がつきます。いい感じ、異様な空気、殺伐とした冷気、その空間に漂う気がすっと見えるのです。そこで働く人々の人相や手相、気なども自然と見えてきます。宿の商売がうまくいってるかどうかなどは一目で分かったそうです。

山平　空気が分かるというのはどういうことですか。それは宿にかぎらず会社でも家庭でも同じように分かるのでしょうか？

小林　スプーン曲げをしてみると分かってきたことがあります。イライラしていると曲がりにくい、にこやかで穏やかで満ち足りていると曲がりやすい、という原理です。ほんとうはみんなそういう力を持っているのですが、イライラしていることでその力を使えないようなのです。人は腹を立てると毒素を吐くのですが、そういう状態で吐いた息の中にハエを入れておくと、通常の一〇分の一ぐらいの時間で死んでしまう……、そういうことが実証的に分かってきました。旅館の空気も同じ。館内での不和、夫婦喧嘩、上司と部下との言い争い……、そういうことを日常的にくり返していると館内に毒気が満ち、それを吸った客は入館したとたんに気が重くなり、体調を崩す……。そうしたら客は寄りつかなくなりますね。これは家庭でも会社でも同じです。人が放つオーラやパワーも、ちょっとその気になれば誰だって分かりますよ。

人が吐く毒素の例として小林さんは、前に挙げた南太平洋のある部族の大木倒しの例を語っています。ノコギリも斧も持たない彼らは、通行の邪魔になる大木を部族全員で取り囲み、悪態のかぎりを尽くすのだそうです。「邪魔だ！」「お前なんか死んでしまえ！」などと怒鳴っていると、一、二週間で葉っぱが枯れはじめ、一ヵ月もするとドウッと倒れるのだそうです。その情景を想像し、僕はしばらく笑いころげました。

ハエの例もそうです。生きたハエを一升びんに入れておくと一時間ほどは生きてるそうですが、びんに口をあてハエの悪口を言い続けると五分ほどで息絶えてしまうというのです。

しかし待てよとふと気がつきます。こんなことは日常茶飯のことではないか。いつもやっていることではないか。部下に、同僚に、家人に、怒鳴ったり毒づいたり……。そこに気がつくとこの話は笑い話では済まされません。

山平　気力で大木を倒すというメカニズムは何でしょうか？

小林　否定的な言葉は内部の水を変えます。その結果、細胞も変わり、細胞が死に、生命が終わるということですね。

こう考えたらどうですか

人相や手相を観ることとは、宿の主人や従業員たちの悩みや相談に乗ることにつながります。相談ごとの内容は、仕事や恋愛、家庭問題などですが、考え方や見方をちょっと変えれば問題が問題でなくなることが多かったそうです。

いまでもよくそう表現することが多いのですが、小林さんは、それはほら、こういうことでしょう、こう考えてみたらどうですか、などと軽く言います。悩む人が抱いているような常識的な考え方ではなく、「ちょっと違った考え方」で問題を見なおしてみませんかというわけです。

「ちょっと違った考え方」とは、ちょっとどころか小林さんのユニークな考え方の集積だったのでしょう。悩みを抱えた当人にとっては大いなる福音です。問題点がするするっとほどけ、そう言われて楽になったという人がたくさん現れるようになりました。

それを宿の主人が宿泊者に紹介したりすることで、この小さな集まりがだんだん広がってネットワークを生みます。今日の「うたし会」（嬉しい・楽しい・幸せ）の素地となります。最初は経営者たちの集まり、異業種ネットワークのような形で始まったのですが、「うたし」を人に勧めたり、自分も実践していくという「うたしコーディネーター」まで出てきました。いまではいろいろな人が集まってワイワイやっています。

生命力のない笑い

山平　人相・手相については、あまり書き残しているものがありませんね。これについても興味が湧きます。小林さんの人相・手相というのはどういうものだったのですか？

小林　私のやり方はだいたいいつも同じです。人相でいいますと、人相手相の本を数十冊買ってきて、その内容を、友人や知人など実際の人間と較べます。合致してなければその本は捨てます。そうして人相を実証的に観ていくと共通項が少しずつ見えてきます。その人の感情、性格などが分かってきました。これは唯物論の世界、とても実証的な世界です。そうしているうちにおもしろいことには、その人の以前の性格も見えてきたことでした。人間はどうしても性格が変わります。怒りっぽい性格だった、それを治した……、その歴史が顔に残るのですね。その変化がセルロイド版を重ねたように複層的に顔に出るのです。

それが見えてきたころから、そうそう大はずれすることがなくなりましたね。

ある会合の後、小林さんとあるご婦人との間で会話が弾《はず》みます。僕も同席していますなかなかのご婦人です。上品できれいで明るく楽しそうなのです。会話の後でその旨を小林さんに伝えると、「山平さん、あの人をなんの苦労もなく過ごしてきた平穏無事な人だと思いますか？」と小林さんがニヤリとします。まだまだですね、そう言いたげです。「あの人は相当苦労してきて、それを乗り越えてあの笑顔があるんですよ」と言うのです。

山平　せいぜい一時間ほどの同席で、それが分かりますか？

小林　少しは分かりますよ。私はこれまで三万人ほどの人相を観てきましたから。たとえば、刑事がある人が犯人かどうかを見極めるというのがありますよね。「カン」といいますが、根っこは統計学でしょう。それと同じように、やはりある種の統計学なんですね。

山平　三万人を観てきた上での統計学ですか？

小林　人相を観てくるといろんなことが分かるんです。十代のころから観てますからね。ありとあらゆる世代の相談を受けてきましたからね。こういう顔の人、こういう表情の人はこういう悩みを持っているというのが、それこそ統計学的に分かるんです。やっぱり経験ですね、経験の積み重ね。
　そういえば三人ほどですが、旅先で自殺を思いとどまらせたことがありました。

山平　ほう、それはどんな状況だったのですか？

小林　旅先の旅館の洗面所で、ある人に会ったんですよ。話しかけたら弱々しい笑いが返ってきたんですね。菩薩のような笑いでした。まるでなんのこだわりも、この世に対する執着も消え失せたような笑いだったんですね。あ、この人、死を考えているなというのが分かりました。

山平　そういう瞬間というのは菩薩のような表情なんですか？

小林　そうです。なにか抜け出ているような笑顔でした。あらゆる現世の問題から断ち切られて、後は死ぬだけというような表情でした。一言でいうと生命力のない笑いだったのです。死んじゃだめですよと声をかけたら、三秒ほどしてわっと泣きだしました。とてもすごい状況をかかえていて、生きる希望もなにも失って、死ぬことばかり考えていました。そういう状況がお顔に出ていたのですね……。

山平　そういうのが分かるのですね？

小林　ええ、分かりますよ、誰でも。たくさん観てくれば誰でも読み取れるようになると思います。

〈第二章〉

ある転機

不幸や悲劇は存在しない。そう思う心があるだけ

こうして小林さんは宿の経営者や友人知人から、人生相談をよく持ち込まれるようになりました。そのころよく口にしたセリフが、「不幸や悲劇は存在しない。そう思う心があるだけ」というものでした。若いころに読んだフランスのある思想家の一節ですが、多くの人たちの悩みや相談事を受けるにつけ、この文章に込められた真理が気に入ってよく引用し、それを相手に向かって言っていたのです。

三十三歳のとき、小林さんはこの言葉が試されます。

小林　結婚して三年、やっと授かった最初の子供が知恵遅れの障害児でした。「不幸や悲劇は存在しない。そう思う心があるだけ」。その言葉の重みがわが身に降りかかってきました、あなたはほんとうにそう思うのですかと問われたのです。

待ちに待っていた子供が知恵遅れの障害児だった……。半年ほどずっと色のないモノクロ世界が続きました。私なりに悩みました。半年たってやっとこれでいいのだということが分かりました。

障害児というのは六百人に一人の確率で生まれます。私が住んでいたマンションは百十

四世帯、およそ六百人が住んでいました。それまでにその建物に障害者はいません。順番からいえば、わが家に障害児が生まれるようになっていた、と気づきました。

悩みながら半年たって分かりました。その子が、わが家を選んできてよかったねと納得できました。もしよその家だったら意地悪されるかもしれない、差別されるかもしれない。しかし、わが家では私も妻も決して意地悪もしないし差別もしないだろう。たぶん温かい目でこの子に接して育てていくだろう……。そういうように考えた瞬間、これまで話してきた「不幸や悲劇は存在しない。そう思う心があるだけ」という方程式が本物になったのです。事実を受け入れた瞬間、色が戻りました。私にとってそれがたぶん「悟り」だったと思います。

悟りとは受け入れること

山平　悟りですか？

小林　そうでしょうね。悟りというのは三秒でできます。一秒目は過去のすべてを受け入れること。二秒目は現在のすべてを受け入れること。三秒目は未来のすべてを受け入れること。「悟り」とは「受け入れること」なんです。受け入れた瞬間に、どうしようと思っていたその子の問題が一挙に消えてしまったのです。目の前に立ちふさがっていた壁をどう乗り越えるかという問題ではなく、壁自体がなくなったんです。この子はこの子でいいと思った瞬間に「悟る」ことができました。

山平　その瞬間、モノクロ世界に色が戻ったのですね？

小林　そうです。で、受け入れた瞬間に色が戻ったんです。闘って自分の思い通りにするという価値観しか教わってこなかった人間が、受け入れることを、襟首捕まえられて強制的に分からせられた瞬間でした。私自身が苦しんでつらい状態だったんです。それを受け入れたら苦しみも悩みもなんにもなくなってしまった。そのことを神から、この子の問題は薬でも手術でもリハビリでも絶対に治らないんだという事実を突きつけられたわけです。私にとって残された苦悩から脱出する道は、受け入れるしかなかった。受け入れなさい、受け入れることが唯一の脱出の道なんだとは誰も教えてくれなかったから、私は半年間苦しみ続けました。なんとかしよう、なんとかならないのか……。

そうやってもがいて苦しんでいる間は、事実を受け入れてないということですから、色が戻ってこなかったんですね。

山平　病院を探したり、なんか方法があるにちがいないと、そっちの方向で考えていたのですね……？

小林　つまり否定していたのですね。朝起きたらこれは悪夢だったといって笑えるのではないかとか、受け入れていなかったのです。それはそれでやっぱりつらいんです。自分の子供にこんなことが起きるとは、まさか自分にそういう局面がくるとは思わないから、受け入れたくないんです。ところがある日、新聞で障害児というのが六百人に一人の割合で生まれるという記事を読んだときに、そうか、この子は他の家に生まれるよりも小林家の方が楽しいし幸せなんだと小林家を選んで来たんだ。この両親を選んで来たんだと思った瞬間、よかったね、他の家を選ばないでよかったね、それは絶対よかった、と思ったんですよ。そうしたら、その瞬間に灰色が消えた、色が戻ったのです。

山平　そのとき悟ったのですね？

小林　そうです、たぶんそのとき悟ったのです。

悟りというのは一回限りではないんです。何千回何万回とあるんですね。「悟り」とは「受け入れること」ですから。

そういえば、高橋信次さんが悟ったのも受け入れるということでした。お前は死ぬぞと言われ、闘い続けた三日間は誰も答えを出してくれません。分かった、もう死のうと決めたときに、お前は悟ったと言われました。だから「悟り」とは「受け入れること」なんです。闘うことではないんですね。闘っている間は苦しいのです。

それが分かったら後は楽ですよ。それまでは闘って闘って競って較べ合ってぬきん出て、人よりもすごい成績を残すことが自分にとって最大の幸せを手に入れることだ……、方法論としてはそれしか教わってきませんでしたから。なんとかしようという方法論しか知らなかったのですね。受け入れると問題がぜんぶ解決するんだよとは誰も言ってくれませんでしたからね。しかしたぶん、誰かがそういうアドバイスをしても私は分からなかっただろうと思いますね。

山平　まったく違う解決方法を知ったのですね？

小林　闘ってある程度の成果を得てきた人間ですから、闘えばなんとかなるんだと思っていたのですね。自分の思いが通じないのは努力が足りないからだ、という方向でしか考えなかった。ところが先天的な障害児という問題を突きつけられて、そうじゃない解決方法を初めて知ったのですね。

山平　その変換は、小林さんにとって強烈だったのですね？

小林　はい。よその子と較べなくていいんだ。その子はその子でいいんだと思ったのです。私は、三次元的な方法で頑張ってきた、いわゆる優秀なタイプの人間でした。そっちの人間がその子の存在をきっかけに、ただ喜ばれる存在、頼まれる存在であればいい……、そういうところへ切り替わったんです。その両方を知ったというところが自分でもおもしろいし、楽しいと思うんです。頑張るだけの世界で終わる人も世の中にはたくさんいるし、頑張らない人もいますよね。両方知ったからおもしろいんです。その転機だったのですね。

コペルニクス的転回

小林　この子には争うという概念がまったくありません。

学校に通うようになってからも、彼女には争う、競争するという概念が生まれませんでした。運動会のかけっこはいつもビリ。ある学年の運動会のとき、足のけがで走れないクラスメートがいたので、今年はビリじゃないかもしれない、とひそかに心楽しみにしてました。しかし、けがをしていたクラスメートが転んで走れなくなったとき、この子は自分が走っていた地点から引き返し、その友達の手を引き、ゴールまで一緒に走り、友達の背中をぽんと押してゴールインさせたそうです。運動会の会場から割れるような拍手がわいたそうです。結局、この子はまたビリでした。

小林さんはこう書いています。

彼女は、自分で主張したりなんかはしないんですね。

雨が降ってくると、校門のところでじぃーっと空を見ていて、一分くらい見てるとそのまま下を向いて、トボトボと歩いて帰ってくるんです。家に電話をすれば、親がいるんだけれども、電話をするとかそういう感覚はないんです。

そういうふうに何回かずぶ濡れになって帰ってるのを級友たちが見ていて、〝慶子ちゃんを送る会〟というのを結成したらしい。で、何回か傘をさして一緒に玄関まで来てくれました。いつも送ってきてくれる子が違うから、嫁さんが保護者会でそのことを聞いたら、先生はそのことをまったく知らなかったそうです。

それで、クラスの子供たちに聞いたら「慶子ちゃんが、いつもずぶ濡れになって帰っていくから、慶子ちゃんが傘をもってきてないときは、みんなで送って行こう」という自然発生の会ができたんですって。その子たちがローテーションを組んで送ってきてたんです。

でも、彼女は一度も送ってくれなんて言ったことはないんだけど、知恵遅れの子を傘をさしてずーっと我が家まで送ってくれるチームができてたんです。この三十五人の子供たちは、ものすごく優しい子供たちになっていた……。

クラスの成績という観点で言うと、慶子のようなクラスメートはいない方がいいのかもしれない。勉強がはかどるかもしれない。でも、慶子の存在が、三十五人の子供たちを限りなく優しい子供たちにしたんです。

人間が育っていくというのは、数学、国語だけじゃないんですよね。

（『宇宙が味方の見方道』英光舎。）

小林さんは小・中・高校と、ずっと努力型でやってきたタイプの人間です。人よりぬきん出ること、それが幸せへの道だと教えられ、勉強でも仕事でも人後に落ちることをよしとはしませんでした。それが当たり前だと感じていたのです。もしあのまま行っていたらものすごくいやな人間になっていただろうと小林さんは言います。

しかしここにきて小林さんは考え込みました。

当たり前のことだと信じていた小林さんの価値体系がぐらつきだしたのです。長女の生き方を見ていると、速く走るとか人より先にゴールするという価値観がないのです。足をけがしていたクラスメートが転倒したら、戻っていって助け起こす……、そんな価値観を誰が教えたのか。

そんなことをくり返し見せられて小林さんは煩悶《はんもん》します。これは彼女が生まれる前の世界から持ってきたものではないだろうか。両親の知らない世界から両親の知らない価値観を持ち込んだのではないか……。そういえばこの子には不思議な習性がありました。三、四歳のころからぐずって機嫌が悪いときに、「慶子ちゃん、慶子ちゃんは神さまなんでしょう」と言うと、うんと首を縦に振って納得し、機嫌をなおしたものです。

煩悶の末に小林さんは結論を出します。

どうも娘の生き方の方が正しいのではないか……。この子は人間としてのほんとうに大事な生き方を私に教えにやってきたのではないか……。

長女の有り様や、クラスメートの反応などを見ていると、長女の存在が、まるで神さまが障害児になりすまして、君の考え方を変えなさいよと小林さんに言いにきたように思えたのです。

それまでの価値観をガラリ変えさせるような四十代半《なか》ばのこの出来事は、小林さんにとって「コペルニクス的転回」でした。人よりぬきん出るという価値観から、のちに小林さんの考え方の主柱になる「き・く・あ」（競わない・較べない・争わない）というそれに大転換したのです。

偶然はない、すべてが必然

山平　小林さんの育った家庭はどんな様子でした？

小林　子供のころ、私の家では喧嘩が絶えませんでした。家の中を物が飛び交っていて、両親がいつもお互いを罵《のの》り合っていました。父は憲兵あがりの警察官で、のちにスーパーマーケットの経営者に転身し、多忙を極めていました。父には、命令し、怒り、怒鳴ってやらせるという方法論しかなかったようです。人間を見るにも上下関係でしか見ていませんでした。

母は気の強い人でした。群馬県出身のおひめさまの系統の出ですが、なよなよした人ではなかった。両親の喧嘩の原因は、いまにして思うと、子供を守るという立場から母は父と言い争うという場面が多かったようです。母親の言っていることの方がほぼ正論だったと思います。

家業のスーパーを継ぐ継がないで、父親から「出ていけ」と言われ、「わかりました」と静かに家を出ました。二十一歳のときです。

それ以来、どうしたら喧嘩のない、罵詈雑言《ばりぞうごん》の飛び交わない穏やかな空気を吸えるか、どうしたらそういう家庭ができるのか、それが私の根源的な願いとなりました。

入学した大学は全共闘の真っ盛り。闘争闘争に明け暮れる場でしたが、そこに身を投じ切ることはできませんでした。

結婚するに当たって家庭をつくる際にも、子供のことでも、どうしたら喧嘩のない穏やかな環境ができるか、それが私の人生のもっとも切実な願いとなりました。事の理非はどうでもいいのです。どっちの言っていることが絶対正しいなんて誰にも言えませんからね。

山平　そうして障害児の子供さんが現れるのですね？

小林　そうです。じつは、私の願望をまさにそういうように表現し、確立してくれたのが、その子です。

長女は他人と闘うことをまったく知りません。一歳遅れて生まれた次女が、長女が遊んでいるところへ行って長女が遊んでいた物を引っぱる……、引っぱられた長女は引っぱり返しはしない、またおもちゃの山に行って何かを探して遊ぶ……、また次女がとりに行く……。それをくり返して、四回目になって次女がとらなくなる、とるのをやめて一緒に遊びはじめるのです。

長女がそうだと次女もそういう人格の子になってしまったのですね。もし姉が引っぱっていたら、引っぱり返すという方法論を覚えたにちがいない。しかし、次女にとっては、お姉ちゃんとの関係で、引っぱることがまったく意味がないことが分かったのです。

それを見せつけられてみると、私は考えずにはいられません。

山平　価値観がガラリと変わりました……？

小林　二十一歳のころまで、わが家で親から教わったとげとげしい空気のこと、結婚前に妻に言った、ものごとの正しいだの間違いだのを言い争うのはやめよう、それより争いごとのない家庭をつくろうということ……。結婚後三年たってやっと生まれた子が知恵遅れの子だったこと……、その子が衝撃的な価値の転換を教えてくれたこと……、その妹、次女もそういう人格を得たこと……、これらはぜーんぶシナリオ通りなんだということに気がつきました。

みごとに筋が通り、矛盾していないんです。あっ、これは長女の勝ち、なんです。これは偶然偶発ではない。これは一本ストーリーとして芯が通っているのです。偶然は存在しない、すべては必然です。すべてが起こるべくして起こっているのです。

山平　すごいですね。旅行作家の道はどういうストーリーだったのですか？

小林　すべてが必然だなと思うのはね、小学校四年生のときでした。

朝起きると朝食がありません。母親の姿が見えないのです。父親と諍《いさか》いをした母が家出をしたのでしょう。そして父親が私に言います、「私が呼びに行っても帰ってこないから、お前が行ってお母さんを連れてこい」

　国鉄の時刻表を買ってきていろいろ考えました。どの列車に乗ってどこで乗り換えどう行けばいいのか……。小学校四年生が、東京・深川から群馬県のある駅までの大旅行です。駅を降りてからずいぶん歩いた記憶が残っていますね。

　こうして私は小学校六年生ぐらいのころには、母親の家出騒ぎのおかげで、幼くして国鉄の時刻表や営業案内を読めるようになりました。途中下車の方法や切符の有効期間や回遊券のこと、乗り継ぎ時間の合間に、近くの神社やお寺をまわる方法など、一人でどこへでも行けるようになりました。つまり、旅行の得意な少年になっていたんですね。これがのちの旅行作家を生む基礎になりました。

　考えてみると、穏やかな空気を渇望する気持ち、そして旅行作家への道、この二つの道を私に与えてくれたのは両親でした。喧嘩の絶えないわが家――家出――結婚――生まれてきた子供――旅行作家、その一つ一つが欠かせないんです。全体の流れの中に余分なものはなに一つありませんよね。ドラマにするとしたら、どの部分も削れません。どの部分を削ってもつながりが消えてしまいます。つまりぜんぶが必然だったんですね。

　すごいでしょう、人間というのはものすごいドラマを演じています。

自分ではない別の力

小林さんのギアが一段深まったという感じです。

人間たちのさまざまな行動や思想の不思議さを、表面的にではなく人間のもっと深いところで見届けようとします。

仕事のこと、恋愛や家族など人間関係のこと、お金のこと、幸福のこと、脳波のこと、すべてが必然だということ……。それらをじっと見続け、自分なりに造形していったようです。

四十歳ぐらいのとき、小林さんはこんな経験をします。

ある旅館で小林さんとすれちがった年若い気功師が、その旅館のご主人に、あの人は大分できそうだが、相手の邪気を吸ってそれを溜めないように、そのことを伝えるように、と言ったそうです。それを聞いた小林さんはクスッと笑います。

小林　それは中途半端な認識なんですね。気功をする人間でいちばん奥まで行った人は、自分が疲れるとか疲れないとは言いません。人を癒すと相手の邪気を吸ってしまう……。

それはまだ自分が自分の力で相手を治してあげていると思っているのですね。自分の気功で、つまり自分の力で治していると考えるのはうぬぼれなんですね。

どこからかの力が、自分の体を通してある人に作用し、その結果、治るかもしれないし治らないかもしれない……。そこには自分の力はない。治ったり治らなかったりするのは、なんだか分からない別の力なんです。だから自分は単なる中継機関にすぎません。ある力が通過するための機械なのです。自分でなんとかしている、自分に力があると信じているうちはまだまだだと思います。

山平　そのころすでにそう捉えていたのですか？

小林　はい。ほんとうに分かってくると、自分が相手の邪気を吸い取って死んでもいい……、そこまでいくのでしょうね。そこが分かったらその人が倒れることはないと思います。自分の体に留《とど》まることはないからです。天からの力が流れてきて第三者を治したりするけれど、治された人の邪気がその人の体に留まることはありませんね。

山平　自分が治してあげていると思っているうちは未熟ですか？

小林　つまりですね、自分が自分がという意識がなくなると、上からの力が私の体を通過していくだけ、向こうからの邪気も私の体を通過していくだけなんです。自分がやってあげていると思っている間は、その邪気も自分にくるらしい。一言でいうと「我」がないことが大事なことなんです。

山平　講演会での話は私がしゃべっているのではない。別の何ものかが私を通して話しているのだ、と小林さんは言います。この場合も同じことですか？

小林　そうかもしれません。私が講演会や集まりでしゃべるのは、私の体を通して誰かがしゃべっているような気がします。私の意志ではなく、何ものかが私の体を使ってしゃべっているのです。ですから私の場合、しゃべる前としゃべり終わった後では、必ずしゃべり終わった後の方が元気です。しゃべり終えてぐったり疲れるということはありません。二時間しゃべり終わった後の方が、ああ、すっきりした、という気分です。だからおなかがすきます。シータ波は「まどろみ」のときの脳波で、私はまどろみ状態でしゃべっているらしいから、二時間しゃべり終わったら、ああよく寝たという気分です。

山平　天上からのメッセージを受けた場合も同じでしょうか？

小林　なにか宇宙の方程式のようなものを会得したとして、それを自分の意志でしゃべっているのだと思う人がいたら、その人はまだ、いちばん奥の楽しいところまで行きついていないのかもしれません。自分がしゃべっているのではなく何ものかがしゃべっているらしい……。

投げかけたものが返ってくる

山平　治してあげたのは自分。邪気は天に返すというううまい方法はありませんか？

小林　何をしたらよくて何をしたらだめというのは、宇宙方程式にはないようです。他人に不愉快なことをしたら自分も不愉快を感じるようなことをいただく……、投げかけたものが返ってくるという法則が働いているだけです。人に喜ばれるように生きていくと必ず自分も喜ぶようになります。簡単ですよ、この法則は……。

山平　私は孤独だ。誰も私を愛してくれないと嘆く人が多いですね。この人にもこの方程式は適用できそうですね？

小林　友人がいない、電話もこない、誰も近寄ってきてくれない……、そういう人は自分から働きかければいい。手紙や電話を待っている間はこないでしょう。自分からは何もしないで、みんなが自分を愛してくれないといってる人は、他人を愛さない、他人に親切でもないからかもしれない。まず自分で投げかけてみる、それが第一歩でしょうね。

山平　まず自分から投げかける……。

小林　でも、これは誤解しないでくださいね。こうするべきだという「べき論」を言いたいのではありません。愛がほしければ自分で投げかけたら返ってきます……。ほしくなければ投げなくていいんです、どっちでもいいんですよ。それは個人の好みしだいです。そこまで私はいう立場にはありません。

山平　かくあるべき段階があって、そこに向かって頑張る……。理想像があって、こっちに現実があって、それを駆け上がっていく。理想と現実というのがありましたね。それが二十世紀的な人生論でした。小林さんの中には、どうもそれと違う気配を感じますね？

小林　ああすべきだ、こうすべきだと説教したいのではありませんよ。

友人なんかいなくてもそれで心地いいのだったら、それでいいではありませんか。それが好みなら本人の自由です。そういう意味では私は完璧に自由主義、個人主義だと思っています。ただ方程式を言っているだけなんです。そういう構造になってますよと言ってるだけです。どちらを選ぼうが、選択はまったく自由です。

較べない

山平　長女のお話のところで、人間は較べなくていいんだと言ってましたね。ドキッとするような発言でした。教育は結局一人ひとりを較べているのですか？

小林　いまの教育は較べ合いなんですね。一人ひとりをよしとすることではないんですね。

たとえば心優しい人がいます。友達とすごく協調的にやっていくという人がいます。仲間をうまくまとめみんなを楽しくさせるという潤滑油《じゅんかつゆ》のような役目を持っている人がいます。でもそういうものはいま一切評価されません。学科上の成績がいいかどうかで順番をつけていくのですね。優しさの子も協調性の子も潤滑油の子も、それに耐えられないと感じた子は、そこでなんとかしようと思うよりは、ドロップアウトするんですね。

山平　いまの教育現場は分かっているのでしょうか、それが？

小林　先生方がいまの教育システムでは生徒たちに対応できないってことは、たぶん分かっていると思います。でも解決方法はおそらく分かっていないでしょうね。

それは較べないという一点につきます。人間は較べられるために生まれてきたのではなくて喜ばれる存在として生まれたんです、ありとあらゆるジャンルで。

山平　問題は較べないという一点ですか？

小林　その教育システムを作った人たちは、上位の〇・一パーセントぐらいのところにいた人たちでしょう。ものすごく優秀だった人たち……。その構造を変える必要がある。生徒を評価して順位をつけるというのをやめないと、そこから変えないとね。

そのシステムの中でダメっていわれた人たちが集まって考えたら、起死回生の方法が出てくるかもしれませんね。しかしこれは百年かかります。システムから構造からメンバーから、ぜんぶ変えるには百年かかるでしょうね。でもそれを変えさせるための現象は必ず起きます。若者たちによる凶悪な犯罪という形ですね。

山平　それは反面教師としてですね？

小林　そうです。教育システムがどっかおかしいんじゃないかということを気づかせるため、神が現象を起こしている……。

山平　よく十七年間がまんしていると爆発するといいますね？

小林　はい、十七年ぐらいですね。実証的にいって、人間が耐えられるのは十七年ぐらいみたいです。

一芸に秀でる

小林　総合大学というのがなくなって単科大学だけになったらずいぶんおもしろそうですね。絵だけの大学、文学だけの大学とか……。

山平　いまの大学というのはなにか問題がありますか？

小林　問題があるというより、要するに、人間はなにか一つ、一芸に秀でればいいんではないですか。それが喜ばれることだから。

仏教の世界ですが、仏には四つの段階があるんです。いちばん上が如来《にょらい》、次に菩薩《ぼさつ》、三番目が明王《みょうおう》、最後が「天《てん》」、という順序です。「天」には、韋駄天《いだてん》とか毘沙門天、吉祥天、弁財天とかがいます。「天」がおもしろいのは、人格上まだ悟っていなくてもいいのです。「天」の下が人間レベルの世界で、ここには羅漢《らかん》とか阿羅漢《あらかん》という、人間が仏になろうとして勉強中のランクの者がいます。

人間である羅漢と、仏界第四位に位置する「天」との間には一つだけ違いがあります。なにが違うかというと、「天」は一芸に秀でている。一芸に秀でている者は、お釈迦さまに言わせると仏の世界の住人なんです。ここが重要なポイントですね。お釈迦さまは崇高な理念ばかりを言ったわけではなく、人間がほんとうに根底的に生きるための方法論を示しているような気がします。

韋駄天はただ足が速かっただけ、弁財天はお金儲けにものすごく才能を発揮していただけ、吉祥天は母親に愛を一生懸命投げかけさせるいたいけな娘。ちなみにその母親が鬼子《きし》母神《ぼじん》です。

山平　いいのですね、一芸に秀でれば？

小林　そうです、それが仏の世界です。

たとえば、小林正観はふつうの人間である。ほかになにか優れているもの、他の人が持っていないものがあるかというと、超能力、超常現象の研究を三十年間やってきた。飽きもせずにやってきた。だからその部分に一芸に秀でるものがあった。いつの間にか専門家になっていたらしい。あとはなにも秀でてはいません。しかしそれだけで年間三百回の講演依頼がやってくる。世の中には、私よりはるかに地位があり実力があり情報を持っている人がいるのに、こんな人間の話をおもしろがってくれる方が少なくないんです。

神田の古本屋街で、地上げがあり、さらにバブル崩壊があって、本屋がだいぶ潰《つぶ》れました。

生き残ったところがあるんですね。それには共通性があります。ほとんどが、専門店だった。美術書の、地図の、古文書の、そういう専門店だった。

山平　一芸の店が生き残ったのですね？

小林　そうです。特色のなかったところが廃業した。

スーパーやディスカウントストアがたくさんできて、以前からの商店街に人がこなくなった。どうやって生き残るか。

たとえばその中に靴屋さんがいるとします。この靴屋のおやじさんが、靴については日本全国で講演ができるほどなんでも知っている……。靴の歴史から仕組みから欧米事情まで、できたら靴と人生まで、靴と人間の生き方までしゃべれたらなかなかのものですね。同じ商店街にそういう傘屋さんがもう一人いたら、この商店街はきっと活性化しますね。みんなが協議して、この商店街をどうしようなんてやってるうちはだめですね。誰かがまずやるんです。そこがすべてですね。

〈第三章〉

生まれ変わり

人生のシナリオを描いたのは自分です

こうして小林さんがたどりついた宇宙方程式の一つに、「人生のシナリオを描いたのは自分です」というのがあります。

自分がいま送っている人生は、生前自分の魂が書いたシナリオの通りだ、というのです。私たち一人ひとりは自分の自由意志で人生を選択し、決めていると思っています。しかし小林さんに言わせると、そのシナリオは自分の体の中にいる「自分の魂」が描いたものだというのです。

自分の体内にいる「自分の魂」が、今生、おまえはこういう人生を送れと指示を出し、そのプログラムに従って生きているのだというわけです。生まれた瞬間から死ぬまで、すべてのプログラムをシナリオ通りに送るように決まっている。たとえそれがどんなに（一般的には）悲惨でつらいシナリオであろうと、どんなに呵々《かか》大笑《たいしょう》のそれであろうと、そう決まっているというのです。その魂がそのつど、いろいろな人間の姿を借りて、この現世になにかを学びに生まれてくる……。

つまりこの人生で生きている自分は、これ限りで終わりになるのではなく、それ以前からもこの先にも存続し続けるというのです。

生まれ変わりです。

山平　生まれ変わって一回ごとに自分のテーマをこなしていくのですか？

小林　そうらしいです。自分が書いたシナリオに沿って今生の自分のテーマを解決していく、それが人生なんですね。

全共闘上がりが、唯物論の立場で事実の検証を重ね、数多くの実例から得た結果として、神、仏、守護霊、精霊が存在する、輪廻転生、生まれ変わりが存在する……、こう考えるようになりました。

山平　不思議といえば不思議、おもしろいといえばおもしろいシナリオですね。

小林　私たちの人生は、私たちが生まれる前に自分の魂が書いたシナリオに沿って、生まれるときから死ぬときまで決まっている、と思います。

とくに最後の、人生のシナリオが決まっている、ということが受け入れられなくて、私はずいぶん悩みました。なにしろ私は唯物論ですから。しかし四十歳過ぎにその考えを最終的に受け入れました。その考えを受け入れ、そういうようにハラを決めるといろんなことがすっとつながりました。

山平　そうすると何度も名前が変わりますね？

小林　そうです。魂があって、その魂は何千回、何万回と衣を着替えて、その衣にはそれぞれ名前があり、何百年か前には何の誰兵衛《たれべえ》という名前をもっていたわけですね。その魂が体から抜け出す……、それを死んだといいます。そしてまた何年かたって久しぶりに衣を着なおします。母親の胎内に入って、そこからまた違う衣で新しい人生を始めるというくり返しですね。

山平　生まれ変わりの間隔はどうなんでしょうか？

小林　そうですね、ふつうの人は百二十年、二百五十年、四百年とかいわれるようですね。しかし生まれ変わりのレベルの高い人、自分の使命が非常にきっちりと魂の中で認識されている人というのは、一回一回シナリオを書きなおすのに時間をかけない……。ほとんど前のシナリオを踏襲して、同じシナリオで生まれてくるようです。二十五年とか三十年ぐらいで生まれ変わってくる人もいるようです。いちばん早い例がダライ・ラマの生まれ変わりでしょうね。あの方の場合は、間をおかず生まれ変わりが見つかるのですから。

つい数年前ですが、沖縄の戦闘で亡くなった人の生まれ変わりだという少女が現れましたね。たまたま生き残っている人がいて、その少女と生き残っていた人とが会ったそうです。その少女の記憶と生存者の記憶がピタリと重なったそうです。

ときどき神はこうしてドーンと実例を見せてくれるのですね。

山平　肉体と魂とは別ものですか？

小林　そう、私たちの肉体は保存本能だけ持っているんじゃないかという気がします。この肉体をどう維持するかということだけがテーマですね。だから魂と肉体の方向性が必ずしも一致していない、別物のような気がします。魂は一人ひとり個性を持っています。山平さんの魂と小林正観の魂はそれぞれの〝個性〟を持っています。

異性を好きになるとか、食べないと死んでしまうというのが「本能」でしょう。本能は個性とは違いますね。個人の認識とは違います。つまり肉体そのものが要求しているのは、保存本能と防衛本能でしょうね。ですから本能というのは肉体そのものが持っているものです。個体に関係なく……。それは動物にもいえます。食べなければ死んでしまう、だから必ず食べる……。目の前に異性が現れると、子孫を残そうと思う……。

名誉欲とか地位欲とかは人間の三大欲望の一つですが、動物にはありません。人によっても違うから、やはりこれは個性の部分で、魂のレベルになるのですね。

つまり、魂というのは方向性を持っていて、プログラムそのものという気がしますね。魂がコンピュータソフトだとしたら、肉体がコンピュータのハードでしょうか。

山平　その魂というのはどんなふうにつながるのですか？

小林　人に入っている魂は四つのボディを通り過ぎるようです。最初は鉱物、次に植物、次に動物、そして雲、それから人間です。それをそれぞれ十万回やるようです。私の周りに現れる人たちは、おそらく九万二千回ぐらいから九万六千回ぐらいの人生を歩んでいるようです。

山平　短命の人も長生きの人もいますね？

小林　二、三歳で亡くなる短い人生もあります。可愛い盛りで子供が亡くなるというのは、親としてみればその悲しみをどうくぐり抜けるか、試練を与えられているのですね。この世では幼なくして子供を失うというのが、人間のいちばんつらい試練だと思います。反対に八十歳まで生きるというのは、なにかをこの世でじっくり学べということでしょうか。

山平　小林さんご自身の記憶はどうですか？

小林　私自身のことでいうと、二百六十年ほど前にいた人の生まれ変わりらしいです。人名辞典をひもとき、その人を確認しました。その人は関西を中心に八十カ所ほどで「人の生き方」について説いてたらしい。最近、私の会も関西で多いのですが、それが分かったとき、なんだ、そうかと気合いが抜けました。私は、ほとんど同じことをやっているだけなのですね。

山平　そうして生まれ変わっているのでしたら、小林さんと僕はどこかで触れあっているのかもしれませんね？

小林　お釈迦さまの言葉に「対面同席五百生《たいめんどうせきごひゃくしょう》」というのがありますね。こうやって同じ席で話し合っているのには、最低でも五百回、人生を一緒に過ごしているという意味だそうです。これほどたくさんの人がいる中で人と人が出会うというのは、よほど縁《えにし》の糸がからんでいるということでしょう。それを魂の中でかすかに遠く記憶している。ですから、今生、初めて会った人でも、じつは、はじめまして、ではないのですね。お久しぶり、なんですよ。

山平　そうして生まれ変わっていきます。その目的は何ですか？

小林　いかに自分を成長させるかということに尽きるでしょうね。
　そういう連綿たるつながりを考え、全体が見えてくると、私たちはこの時代にやってきた志願兵らしい。ただ誤解してほしくないのですが、選ばれてのエリートではありません。「実践者」として生きていくことを志願して集まってきた一人ひとりです。
「実践者」とは何か……。どんなことがあっても腹を立てない、怒らない、怒鳴らない、すべての人に寛大公平で、喜ばれる存在になることなんです。その具体的な方法は、人から頼まれごとをすること。つまりいかに自分をそうさせるか、それに尽きると思います。

魂の進化

山平　魂というのは、今生、山平という人間に宿って、彼と一緒になって何十年間か彼の任務をやりますね。どこかで時期がきたらそこから抜けていきますね、その周期でまた次の生まれ変わりをしていきますね。その連綿と続く僕の魂というのはいったい何ですか？

小林　私たちの魂というのはもともと水晶玉のような存在です。きれいで透きとおっている。生きていくというのは、これを人間は誤解しているんですが、闘ったり、較べたり、競い合ったり、人よりぬきん出たり……、そうすれば幸せがくると誤解しているんですね。じつはそれがドロなんです。教育という名の、闘いという名のドロがつくんです。そのドロに気づいた時点からドロを落としていく……。

もともと水晶玉は透明で完璧で、一点の汚れもない。それが本来私たちが持っている水晶玉の本体です。それが魂の本体。そのドロを落としていく、それのくり返しでしょうね。

小林　人間に入り込んでいる魂というのは、鉱物、植物、動物、その後は、雲になるというのです。この雲になるというのは足立育朗さんの説ですが、宇宙からの情報によれば空の雲を十万回やるのだそうです。

山平　あれは足立さんの情報だったのですか？

小林　そうです。足立さんの宇宙論は、私の把握した宇宙論にかなり近いものでしたから、雲になるという説はほんとうだろうと思います。それまで空の雲を十万回という話はどこからも聞いたことがなかったのですが、その前後の話から足立さんの話はかなり正確なものだろうと思いました。つまり鉱物、植物、動物、雲、そして人間という経験をするのですが、このプロセスにはある法則性があることに気がつきます。それはだんだん自由度が増すということです。

鉱物は他のだれかによって動かされないかぎりは動けないというのがその特質です。植物は鳥の糞という形をとったりして自分の子孫を繁栄させたり移動することはできるけど、自分の足で歩くことはできません。風に乗って種子を飛ばしたりすることはできますが、でも動物ほど自由度が広くない。

動物になると自分の意志で動きまわれるようになる……。そういう点で自由度が増すのですね。

その後、空の雲になると確かに自由度がうんと増します。人間は道具を使える動物ですから自由度がものすごく増しますね。足立さんは自由度が増すということで雲をあげたわけではないでしょうが……。

ある人が言った言葉で、「人格の大きさは行動半径の大きさだ」というのがあります。

山平　行動半径の大きさですか？

小林　自由度が増していくというのがじつは魂の進化そのものだと思います。ですから、人間も十万回生まれ変わるんですね、人間の衣を着て……。行動半径の大きさが、生まれ変わりの回数を推定させます。

山平　そうしますと、行動半径の大きい人ほど生まれ変わりの回数が多いということですか？

小林　つまり魂が進化するというのは自由度が増すということなんです。ということは人間の中でも、十万回の生まれ変わりをくり返す中で自由度が増してくるということなんですね。

山平　原則的にそうなっているのですね？

小林　私はそう思います。

山平　生まれ変わりの回数が少ないと、魂が進化していない。多いと進化しているというのですね？

小林　はい。生まれ変わりの回数が、二千回～三千回ぐらいの人は、自分の食い物を確保するためには人を殺したり盗んだりしてるようです。
　だから魂の根元の話でいうと、ほんとうは人間には他人を裁く権利なんてありません。過去、私たちには、そういう自分中心だけの時代があったんです、全員ですよ。

山平　大金持ちに生まれ、次の人生ではもう少し厳しくなる、ということもあり得ますか？

小林　大金持ちの家に生まれ、一万人の社員のために会社と自宅を往復している人というのは、生まれ変わりの回数が少ない人かもしれませんよ。自由がない、という点で。

山平　つい先の人生がすべて順風満帆で、次の人生で暗転する……、つまり進化とは逆のコースを辿《たど》るということはないのでしょうか……？

小林　魂の進化というのは、絶えず成長していく方向だと思います。

山平　そういうふうにして生まれ変わりをくり返すとします。今生、次の人生、そしてその次……、この連綿たる魂のつながり、つまり僕という魂の根元は何なのだということを認識する方法はありませんか？

小林　ないでしょうね。

それに、私はいったい何ものなのか、などと問いかけるのは意味がない。分かるときには分かる。分からないときには分からない。必要なときには労せずに知ることができますから。

ただ、執着がぜんぶなくなると記憶が蘇ることがあるみたいですね。高橋信次さんが三日間ですべてを捨てて、家族にぜんぶを委ねて、死ぬかもしれないと待ちかまえていたときに記憶が蘇ったというのは、その原理原則が当てはまるかもしれません。

山平　高橋さんの場合、サンスクリット語を話し、聞き、書き、しゃべれたというあれは、記憶が蘇ったということですか？

小林　高橋さんは、お前は死ぬと言われ、三日間でぜんぶを捨てますよね。家族にぜんぶを委ね、死ぬつもりで待ちかまえているのですが、そしたら、お前は悟ったと言い残してヘブライ人は消えます。その後で高橋さんは突然、サンスクリット語を読み、書き、話すことができるようになり、数日後、自分の頭の中にインドの暮らしが蘇ってきます。つまり仏陀の生まれ変わりであることを思い出したのですね。

山平　ああそうですか。だからサンスクリット語が読み、書き、話せるようになったのですね、そういうことですか……。

うーん、人間にはいろいろな想いがあります。少し人生を誤ったかなという反省も、あのときあっちではなくこっちを選べばよかったかなという悔悟も、ある選択をして恥ずかしくて顔も上げられなかった羞恥もあります。我が身に照らして省みれば、年を経るということは恥を重ねているようなことが多いものです。反省と悔悟とは人生につきものですが、それもこれもすべてが自分の魂が書いたシナリオ通りだとしたら、そんなに切歯扼腕《せっしやくわん》して反省したり後悔することもないんだよと納得できそうです。

そうか、それでいいのかと少し心が落ち着くのです。

前世療法のこと

輪廻転生といえばブライアン・ワイスというアメリカの精神科のお医者さんが書いた『前世療法』という著書を思い出します。

神経症と強迫観念に悩むキャサリンという患者が、ワイス博士の催眠療法で自分の前世にさかのぼり、自分の病いの原因を突き止めていくストーリーです。過去をさかのぼっていくといろんな自分が出てきます。男性のときもあれば女性のときもあります。過去世を思い出すごとに症状は消えていきます。思い当たる原因を知ることで人はつっかえを解消する……、それがワイス博士の見解でした。退行催眠の途中で出てくる〝精霊たち〟（マスターたち）の存在も興味ある点でした。

この書が提示したのは、命には終わりがない、人は決して死なない、ただ異なるいくつもの場面を通り過ぎていくのだ、というものでした。

印象的なのは、我々の肉体はこの地上にいる間の乗り物なのだ、永遠に存在し続けるのは我々の霊魂なのだ……という論理や、もう死ぬことは怖くない、人はいつまでも生き続けるのだから……という考え方でした。これは人々に希望を与えるのでしょう。だから輪廻転生の考え方が多くの人々に喜ばれたのでしょう。

夜寝ることもできないほどに悩んでいたキャサリンは、心の平和が彼女に落ちつきと光を与え、はっとするほど美しいまでに回復します。

前世療法はこうして一世を風靡《ふうび》しました。僕もおもしろがって読んだ一冊ですが、この書が与えた影響はすごいものでした。誰しもが自分の前世を知りたがったほどでした。

考えてみれば、『セスは語る——魂は永遠であること』も、もっと前に読んだシャーリー・マクレーンの『アウト・オン・ア・リム』などもこのテーマに触れた書物でした。ソギャル・リンポチェ師のかの名著『チベットの生と死の書』は別格としても、西洋キリスト教社会の中から輪廻転生がかくも広汎に理解を示されているのは驚きでした。

この生が一回限りのものではなく、魂が永遠に続くという基本的な発想は、考えてみれば幼い日におふくろや親類のおばさんたちに教わった仏教特有の智慧でした。しかし戦後の科学主義、合理主義の下で、僕たちが忘れていったものでした。それがまわり回って欧米カルチャーから気づきを与えられるというのも時代を感じさせてくれたものでした。

地下鉄大手町の駅構内でダンボールとぼろ布にくるまって横たわっているご婦人がいます。小柄で品がありながら、しかしいつも目がうつろです。このご婦人を見かけると、あ、まだ生きていると一安堵して僕は通り過ぎます。この駅を通るたびに彼女の存在が気になっていたのです。

あのご婦人はどんな歴史があり、どんなシナリオが書かれてあったのでしょうか。どんな今生のテーマが課されていたのでしょうか。

そういう目で見れば人はいろいろな状況を背負って生きています。そのおのおのが今生でそれなりの宿題を抱え、カルマの解消のために生きている……。人生のシナリオを書いたのはおまえ自身なのだと言われると、ああ、人間というのはすごいなと深く感じ入るのです。

〈第四章〉

超能力から「ありがとう」へ

スプーン曲げ

気の合った仲間たちが集まった同級会の席で小林さんはスプーンを曲げたことがあるそうです。クルクルチョンと二回転半スプーンを曲げました。そのスプーンを歯科医の友人が隠して持って帰り、なぜ曲がったのかを彼の大学の付属金属研究所で調べました。

熱で溶かしたとか削ったとかの痕跡はありません。スプーンの曲がった個所の厚みが一〇パーセントほど減っているなどが分かりました。少なくとも熱や物理的な力で曲げたというものではない……。何の力で曲げたのかは結局分からずじまいだったのですが、あれこれ類推するうちにそこでの結論は、これは想念の力ではないか、これはおもしろいぞということになりました。小林さんの記念碑的なこのスプーンはいまでも東京のある友人の歯科医院に鎮座しているそうです。

金属製のスプーンがクルクルと水飴のように曲がる……。物理的な力によってではなく想念の力でスプーンが曲がるとすれば、これは大変です。この力を使えば、目の前の人に、自分の妻や夫や子供や舅に、先輩や上司や部下に、その想念を浴びせかけたらその人の脳細胞をちょんと刺激するくらいはわけないだろう……、そんな具合に発想が広がりました。

山平　最近ではあまり小林さんはお話しになりませんが、スプーン曲げの話はとても分かりやすい例でした。スプーンがおもしろいように曲がったそうですね。二十人いたら一八人は曲がる、イライラしていたら曲がらない、アルファ波以下の脳波がいいらしい、社会貢献しているわけではないが、潜在能力に目覚める方法としては有効だ……、などと小林さんは語っています。そして、要はゆったりとリラックスしていること……、その気分を持続することが大事なんだと言っています。最近なぜこの話は出てこないのですか？

小林　あれはあれでもちろん有効です。顕在意識ばかりではなく、もっと潜在意識を使おうというテーマはいまでもその通りだと思っています。ただ私の気持ちではもう少し進んだというか、もっと効果的な方法が見えてきたのです。スプーン曲げから始まったのですが、人格を上げていく、意識を変えていく、その延長上に、「う・た・し」（嬉しい・楽しい・幸せ）があり、「ありがとう」があり、「トイレ掃除」へと進みました。こっちの方がうんと楽で、はるかに効率がいいのです。

うん、ここはなにかとても重要そうです。「う・た・し」と「ありがとう」と「トイレ掃除」ですか。

山平「スプーン曲げや超能力が人格の問題にからむとすれば、五戒（不平不満・愚痴・泣き言・悪口・文句、を言わない）や、その反対の「う・た・し」がぐんと迫ってきますね。どうからむのでしょうか？

小林　超能力は本来すべての人が持っています。すべての人が本来みんな超能力者ですが、ほとんどの人がこの力に気づいていません。

人間のもつ意識のうち、顕在意識が一五パーセント、潜在意識八五パーセントというのが通り相場ですが、よほど優秀な人で二五パーセント、アインシュタインでさえ四〇パーセントぐらいしか使っていないそうですね。

ふつうの人でいえば、八五パーセントの未開発部分をどう広げるか……、それが超能力を開発するテーマでした。問題は、隠されている能力が開けるかどうかなんですね。そこを開いて八五パーセントの世界につながり、それを使いこなせるようになると人生が一変しますよというのが私の得た経験でした。

スプーン曲げをたくさんやってみて、いろいろなことが統計的に分かりました。

東西よりも南北に向く方が曲がりやすい……、九州よりも北国の方が曲がりがいい……、函館よりも稚内の方が曲がりやすい……、北半球であれ南半球であれ、極に近い方が曲がりやすい……、排気ガスの充満しているところより、きれいな花園とか海、白い雲があるところ、つまり自分にとって心地よいところの方が曲がりやすい……。

とりわけ絶対的な傾向としては、イライラしているとその力は発揮されない、心が穏やかで満ち足りているときに発揮される。つまり、リラックスすることが大事だ、心の有り様が問題だ、ということがはっきりしました。

山平　心とからむ、人格に関わるというのですね？

小林　超能力は、スプーン曲げにかぎらずいろんな点で不思議な能力を発揮するため、誰でもが乱用できないように神さまがカギをかけたのです。そのカギが「人格」です。人格が向上しそれが身につけば、使ってもいいよと神さまがご褒美をくれるらしいのです。

その条件となる人格とは、どんなことがあっても「怒らない、腹を立てない、怒鳴らない、声を荒げない、イライラしない」人です。そういう人になったとき、超能力の扉がカチャッと開いて超能力者になれるらしい……、そう分かりました。

山平　じゃあ、誰でもなれますね？

小林　ところが一方、その道へ歩むことを邪魔する決定的な三つのキーワードがあります。それは「努力する、頑張る、必死になる」ことです。

ふつう、世間ではこの三つのキーワードは美徳ですね。奨励されるべきものですね。ところが、潜在能力を開発する上で、これらは大きな邪魔ものになるらしい。「努力」は英語で言えばmust「ねばならない」の世界。いやいや何かをしなければなりません。自分が好きで好きでやっていることを「努力」とはいいません。努力という文字は語源的にいうと奴隷労働のそれに近いのです。「頑張る」は「我を張る」。「必死」は「このままいけば必ず死にます」という意味です。

一五パーセントの顕在意識の世界で幅を利かせているこのキーワードが、じつは潜在能力開発にとっては、大きなブレーキになるのです。

逆にいえば、「努力すること、頑張ること、必死になること」をやめることが大きな能力開発への前提条件になることが分かってきました。

三つのキーワードはまるで僕自身のことをいわれているようです。いえいえ、僕がそんなに立派な人間だという意味ではなく、類型としてはそちらに属する方の人間だと自分でもうすうす知っているからです。

そういえば井深さんがスプーン曲げをなしとげたころ、机の中からグニャグニャに曲がったスプーンの戦利品を取り出し、「どうだ、あんたにはできんだろう」と得意そうに吹聴していたことがありました。あの顔には何かをなしとげ、ワンステップ未知の世界に上がったとでも言いたげな輝きがありました。きらきらしていてとても嬉しそうでした。

井深さんにできることが僕にできないはずがないとトライしてみたのですが、どうやっても曲がりませんでした。あのころしばらく考え込んだのですが、その理由はついぞ分かりませんでした。井深さんにはできて僕にはできなかった……。井深さんは何かが分かっていて、一方、僕は必死になって努力し、頑張っていたからです。

小林さんの話を聞いていまにして思うと、なるほどとこの違いが分かります。しかし、あの差は決定的でした。

潜在能力の開発にどんな人が開発型でどんな人がダメ型か、なんとなく分かってきます。

「う・た・し」の原理

三つのキーワードを捨てて、人格を高めるには具体的にどうするか……、それが「う・た・し」です。「嬉しい・楽しい・幸せ」です。

そういう気分になりきること、それを持続すること……、それがリラックスし、アルファ波以下の脳波に切り替えることの意味なのです。

ここらあたりに小林正観ワールドへの入り口の秘密がありそうです。

「う・た・し」の効能を小林さんは次のような例で説明しています。

小林 ――夕方、雨が降ってきました。子供が家にいます。母親が帰ってきたら、その子が洗濯物を取り込んでいなかった……。

そのとき、「どうして取り込んでくれてないの、気がきかない子ね」って、つい言ってしまうとすれば、一五パーセントの世界。

ところが、子供が取り込んでくれていなくても、「もしあなたが気がついたとき、取り込んでくれると、お母さんは嬉しい。取り込んでくれなくてもいいけどね。でも取り込んでくれたらお母さんは幸せよ」と、ぐずぐず文句を言わず、つまり執着を捨てて、「嬉しい・楽しい・幸せの上乗せ」を提案していくのです。これが八五パーセントの世界への第一歩です。

つまり、「努力・頑張り・必死」「ねばならない」「べきだ」（一五パーセント）のレベルから、「う・た・し」のレベルに頭を切り替えなさい。それが八五パーセント世界への入口だということが分かってきたのです。

これはスプーン曲げの前提条件であり、洗濯物に気がついてほしいという親の願望なのですが、じつはそれだけではありません。もっともっとすごいことを意味しています。「う・た・し」の気分を持続することが、すべての対人関係、すべての現象に対応していくための必要条件だと小林さんは言います。

うーん、僕はこれまでぜんぶ反対のことをやってきました。一五パーセントの世界で必死に努力し頑張りながら、どうしたらもっと真実が見えるのか、などと考えていたようです。

山平　執着を捨てる……。これは単にスプーン曲げの話でないということは、これが悟りへの道であり、見えてくる方法への一歩だ、という意味でしょうか？


小林　そうです、まさにそうですね。

じつは簡単なことなんですね。

お釈迦さまは執着を捨てることを「四諦《したい》」と言っています。四つの悟りです。

この世は苦悩に満ちているんだ、と分かるのが「苦諦《くたい》」。

執着することが、悩み、苦しみの元だなと分かるのが「集諦《じったい》」。

執着をなくせば、その悩み、苦しみがなくなるのではないかと悟るのが「滅諦《めったい》」。

その滅することを日常生活のあらゆるときにやっていけばいいのだ、と理解するのが「道諦《どうたい》」です。つまり実践ですね。

お釈迦さまはそうやって実践し、実際に悩み苦しみから離れることができました。それを「解脱」というようです。よく「解脱したような人」なんていいますね、あの悟りの境地です。


超能力から一足飛びに解脱に飛びました。

その根っこにあるのが「執着」です。

超能力を高めるには「執着」が邪魔だ。執着をどんどん減らしていくと「解脱」にまでいけるらしい。その道を進めば、「悟りの境地」にたどりつける？

そうだったのか！

「ありがとう」の効能

さらに小林さんはすごいことを言います。

「う・た・し」の効能を使えば、だんだん一五パーセントから八五パーセントの世界（超能力）にたどりつくことができるのですが、もっとすごい方法があると小林さんは言います。

それも一五パーセントから一六、一七、一八へと進むのではなく、いきなり五〇パーセントぐらいからスタートするというものすごい方法です。

小林　それは、「ありがとう」とお礼を先に言ってしまうことです。

「こうならなくてもいいけど」と、執着する部分を捨てるところは同じです。

「こうならなくてもいいけど」というのはきちんと押さえた上で、「こうなってくれてありがとう」と、完了形で先にお礼を言ってしまうことです。

いらだっていてはダメ。こだわって必死になっていてもダメ。執着して頑張っていてもダメ……。

「こうならなくてもいいけど」と一度捨てておいて、「そうなってくれてありがとう」とお礼を先に口にするのです。

実例を一つ挙げましょう。あるコンビニのトイレの話です。

あるコンビニの経営者が「きれいに使ってくれてありがとう」と張り紙を出しました。お客さんはまだトイレを使っていないか、せいぜい使用中の段階です。進行形なのに完了形でさっさと「ありがとう」を先に言ってしまいます。

すると変化がありました。

「汚すな」とか、「きれいに使ってください」と言っていたときよりも、グンとトイレの汚れが少なくなったのです。なぜかそう変化しました。まだ起きてもいないことに完了形で「ありがとう」と言っただけです。

執着をいったん捨てなければ何事も通じません。執着を捨てることがポイントです。つまり、執着が残っているかぎり、脳波がベータ波のままです。これでは一五パーセントの世界ですから超能力者にはなれません、凡人のままです。潜在意識はちっとも広がりません。

山平　だから執着を捨てて、「ありがとう」を先に口にする……。そうするとすごい世界が広がるらしい……。うーん？

一日千回の「ありがとう」

「ありがとう」の効能について、あるご婦人の実例を小林さんは挙げています。もちろんこの方程式がすべての人に当てはまるかどうかは保証のかぎりではない、と但し書きをしています。

ある日、自分の講演会の会場入口で小林さんは、見知らぬご婦人からいきなり声をかけられます。「ありがとうございました。正観さんのおかげで命を助けてもらいました」とご婦人はお礼を述べるのです。初対面です。小林さんが詳しくお話を伺ってみるとこうです……。

ご婦人は末期がんでした。医者から、自宅で静養するようにと宣告されていたそうです。手の打ちようがないというのが実状でした。

以前、講演会で小林さんの話を聞いた娘さんがこう母親に告げていたそうなのです……。

「ありがとう」を（心を込めなくてもいいから）二万五千回言うとなぜか涙が出てくる。

その涙が出た後でさらに「ありがとう」を言おうとすると、ほんとうに心の底から感謝の念が湧いてきて、「ありがとう」の言葉が自然に出てくる。さらに、その後重ねて、「ありがとう」を二万五千回ほど言うと、嬉しく楽しく幸せな奇跡が起こりはじめるらしい……。

医者の宣告に落ち込んでいた母親は、もう手の打ちようがないのなら奇跡に賭けてみようと、一日千回、「ありがとう」を言おうと決心します。

三十日ほどたったところで（「ありがとう」を三万回ほど口にした）、それまで壁や机にすがって伝い歩きしかできなかったのが、自分の足でそろそろ歩けるようになります。

二カ月後（「ありがとう」を六万回）、近所の人から最近顔色がよくなりましたね、お元気そうですねと言われます。

三カ月後（「ありがとう」を九万回）、体重が増え顔がふっくらしてきます。

これはおかしい、体が変調を来しているようだと不思議に思います。さらに十日間、合計十万回の「ありがとう」を口に出し、それから再検査を受けに病院に行きました。

もたらされた結果は、がん細胞が全身から消えているというものでした。末期がんが治ったのです。

「笑いの療法」

この話を聞いたときに僕が反射的に思い出したのは、ノーマン・カズンズというジャーナリストが書いた『笑いと治癒力』という本でした。当時、不治の病とされていた膠原《こうげん》病《びょう》から帰還する話です。五百人に一人という奇跡的な帰還率なのですが、彼は並々ならぬ意志力でこの病いを克服しようと決心します。主治医と相談し、ビタミンCの投与と笑いで自分の病いにうち克《か》とうと決心します。そこにあるのは生きることへの意欲と強烈な信念でした。

滑稽な映画フィルムをかき集め、「どっきりカメラ」を仕込み、ユーモアや笑いの本を読みあさっては病状を克服していきます。つかの間とはいえ、病いを忘れるほどにうんと笑い転げたのです。不思議なことに、二時間腹を抱えて笑い転げると、痛みを感じないで済み、よく眠れるのでした。

へえー、これはすごいというのがこのくだりを読んだときの僕の印象でした。同時に思い出したのが、帯津良一先生というお医者さんのことでした。

帯津先生という方は埼玉県川越市で帯津三敬病院という病院をやっているがんのお医者さんです。全国の病院を経めぐってこの病院にたどり着いた患者さんがいっぱいいます。

死が平然とすぐそこにあり、一方それを上回る明るさが混在する不思議な空間です。

僕は帯津先生のところに丸二年通って一冊の著書を頂戴したことがあり、それが機縁で今日では僕の健康診断はすべて帯津三敬病院です。会話を重ねるうちに仲良しになり、人間としていろいろなことを教えてもらいました。なにより酒で結ばれた同志といってもいいでしょう。

帯津先生は患者さんと一緒に気功をし、診察し、病棟内を回診し、仕事を終えると、一杯の酒に心を込め一日の労働に感謝をします。帯津先生の好きな言葉でいえば「気功的人間」なのです。人間の悲しみとうれしさの奥義を知った端然たる酒飲みとでも表現すべきでしょうか。

西洋医学の出身ですが、その方法に飽きたらず漢方や気功など、効果があるものは何でも採り入れ、ホリスティック（総合的）医学の立場でがんと向き合っています。そういえば帯津先生は生と死の極限のような場にいながら、いつもニコニコ柔らかな表情をしています。

その帯津先生の療法の中に、「笑い」の療法があることを思い出しました。患者さんをうんと、時には徹底的に、笑わせるのです。噺家《はなしか》、落語家などのプロを招き、つらい思いでいる患者さんをつかの間、笑いでのびのびと解放させる方法です。帯津三敬病院の中にある道場が、一瞬どっと患者さんたちの爆笑ではち切れる光景を僕は目撃したことがあります。あれは、見ていてとても心嬉しいものでした。

むろん「笑い」と「ありがとう」の関連なんて僕には分かりません。

しかしノーマン・カズンズという偉大なジャーナリストが、たぐいまれな生への欲求で帰還した例を思い返すと、「笑い」も「ありがとう」もなんかしら関連があるのではないか、などと素人は連想するのです。この「ありがとうの奇跡」のことは帯津先生にも伝えなくてはなりません。

子供のアトピーが治った

小林さんの話です。

生後十カ月ぐらいの赤ちゃんを背負った三十歳ぐらいのお母さんが講演会にやってきました。赤ちゃんは、目、鼻など、顔中がアトピーで覆われています。若いお母さんからその悩みを聞きながら、小林さんは早く治って元気になればいいね、と赤ちゃんの頭を撫でました。

後になってお母さんから聞いたお話です。

翌朝、さらっとアトピーが消えていました。なんじゃこれは、とお母さんは驚きます。

もしかしたら小林さんが触ったせいではないか……。もしそうなら小林さんを毎週呼べばいい。そうすればこの子は治るかもしれない……。しかし、どうも小林さんは忙しそうだ……。そうか、それなら自分が小林さんになってしまえばいい。お母さんはそう考え、めちゃくちゃ「ありがとう」を言おうと一大決心します。

夫と話すとき、電話に出るとき、友人が来たとき以外は一日中、赤ちゃんを背負いながらしゃにむに「ありがとう」を言い続けます。

丸二日過ぎて三日目の昼過ぎ、突然おなかがボワッと熱くなり、下腹から胸にかけてその塊がこみあげてきます。吐きそうだと感じ洗面所に駆け込みますが、口からは何も出てきません。口を通りすぎ、その〝熱いもの〟は目まで上がって、ドワァーと、目から出てきました。それは涙でした！　信じられないほどの涙が滝のように出て、バスタオルを何回も絞ったそうです。

そうして、「ありがとう」の一言を言った瞬間、そのあたりにあったコップ、皿、机、箸などの一つ一つがすべてお母さんに向かって「ありがとう」と言っています。いえいえ、私の方こそありがとう、と心を込めて言った瞬間に、子供のアトピーがぜんぶ消えました。その後ずっと「ありがとう」をくり返しているそうです。

脳波の変化

不平不満を言うのをやめ、気分を「う・た・し」に切り替え、それを持続し、「ありがとう」を唱えること……。それによって超能力が開発され、自分のうちに眠っていた未知の力に気づいていく……。ここで大きく関係してくるのが脳波です。脳波は想念によって変えることが可能なのだそうです。

脳波とはどんなものか。

【ベータ波】どうしてもスプーンを曲げなければいけないと思っているときの脳波。スプーンは曲がらない。執着、こだわりのレベル。イライラしたり腹を立てたり恨《うら》んだり憎んだり呪《のろ》ったり、不平不満、愚痴、泣き言、悪口、文句を言う状態。目が覚めていて問題解決にあたっている状態。周波数は20ヘルツぐらい。

【アルファ波】曲がらなくてもいいけどね、でも曲がったら嬉しい・楽しい・幸せ、と感じるときの脳波。スプーンは曲がる。リラックス状態。執着、こだわりが消える。座禅、祈り、瞑想、睡眠の状態。疲れることがあっても疲れは溜らず病気になりにくい。周波数は10ヘルツぐらい。

【シータ波】曲がらなくてもいいけどね、でも曲がってくれたら嬉しい・楽しい・幸せ……。ここまではアルファ波と同じ。違いは、「曲がってくれてありがとう」と完了形で感謝を言える状態。心がこもってなくてもいい、口先だけの「ありがとう」でもいい。スプーンは曲がる。まどろみ状態。深い瞑想状態。頭は覚醒しているが体は寝ている。疲れること自体が少なく、病気だった人も治りやすくなり、思うことや念ずることがかなう。4~7ヘルツ。

【デルタ波】心を込めて「曲がってくれてありがとう」と言える状態。まだ成立していない現象に対して完了形で「ありがとう」と言うのは通常は難しいが、心から感謝するとこの脳波になり、超常現象が次々に起こる。スプーン曲げはもちろん、空を飛ぶ、手のひらに炎が宿る、というような状態。熟睡状態。自分で自分がなにをしてるか分からない。自分の病気が治るだけでなく、他人の病気も治せるようになる。ほとんど神さまに近い。1~3ヘルツぐらい。

小林　これが私がこれまで経験的に、実証的につかんできたまとめです。

私たちが日常起きて活動しているときには、ベータ波からアルファ波の世界に入るのは困難です。しかし、これは連動しています。

そうならなくてもいいけどね、と執着、こだわりを捨てる……、これがすべての一歩です。入り口です。

これが分かってくると人生が一変します。

イヤな上司がいて、なんでいつも私にばかり厳しくするのか、なんで辛く当たるのか……、そう受け止めてイライラしているうちは、絶対にその人は変わりません。そうならなくてもいいけど、でもそうなってくれたら嬉しい……。こちらの想念をアルファ波に変え、アルファ波を相手に浴びせたとたん、状況は一変します。洗濯物を取り込んでくれたら嬉しい、でもそうでなくてもいいけど……。そういう想念を自分が留守の家に送ったら、そうなります。気の利かない子供だとか、イヤな上司だと思っているうちは状況は変わりません。自分が持っている力を使いこなせばいいんです。

「ありがとう」のステージ

小林　これまでの例で分かったことは、「ありがとう」を言うにはそれぞれ段階があるようです。

二万五千回ぐらいを超えたところが第一のステージ。心を込めなくてもよし。ただ口先だけでも損得勘定からでもいいから、二万五千回ぐらいまで「ありがとう」を言っていると、涙がどっと出てきます。神さまがちゃんとカウントしてくださるらしい。

さらに五万回を超えると第二ステージ。この段階になると、心の底から「ありがとう」と言えます。

さらに十万回を超えると第三ステージ。

五十万回を超えると第四ステージ。

百万回を超えると第五ステージ。

一千万回を超えると第六ステージ。

一億回超えが究極のステージです。

一億八千万回「ありがとう」を言い続けた滋賀県のある人のことはすでに書きました(『幸せの宇宙構造』)。この人の身に起きた不思議な出来事は、それこそ想像を絶することばかりで、ほとんど神さまに近いものでした。雨が降っていてもこの人が外出しようとすれば雨がやみ、時間に遅れても電車は待っていてくれる。生活に必要な物資はすべて神から与えられるそうです。

こういう人がいまこの世に生きていて、その人と一緒に同じ空気を吸っていられるとはなんとも嬉しいかぎりですね。

山平　誰にでもこれはできますか?

小林　二万五千回言い続けたが、涙なんか出てこないという人がいます。そういう人には私は必ず同じ質問を発します。「ありがとうの途中で、不平不満、愚痴、泣き言、悪口、文句のどれかを言いませんでしたか」とお尋ねするのですが、ほとんどの人がじつは言っていましたと白状します。悪口を言った瞬間、チーンと音がしてそれ以前の「ありがとう」が消えるのですね。

「なんだ、また雨か」とか「雨ばっかり降ってどうなってるんだ」というようなお天気の悪口も、感想やコメントもみんなそれに該当します。自分の口から出る言葉に気をつけなければなりません。

昨年暮れ、懐かしい歌を、「ありがとう」のセリフで編曲したCDを小林さんは作りました。「カラスなぜ泣くの」「春がきた」「もしもし亀よ亀さんよ」「浦島太郎」「桃太郎」「ハッピー・バースデイ」などの歌詞をすべて「ありがとう」に置き替えたのです。こんなものがじつはおもしろいように売れています。みんなが聴いていて心地いいというのです。

「ありがとう実践会」というのも各地にできました。

山平　小林さん自身にも嬉しいことがありましたか？

小林　ある講演会の終了後、年輩の方がとことこ私に近づいてきて、「右脳の上のこのあたりで、何ものかがこう囁いてきた。『ありがとう』は、自分が言った分のほかに、浴びせられた分も勘定に入る。そう小林に伝えるように……」とおっしゃるのです。これには驚きました。自分で言うのもいいが他人に言われた数も勘定に入れていいというのです。私はその時点でまだ十六万回ぐらいでしたが、浴びせられた分が九十万回ほどだったので、合計百万回を超えたところでした。

そう思っていたら昨年暮れに、アメリカのある大学から「これまであなたがやってきたことを詳しく調べた。その内容は博士号に値する」といって、心理学博士号をくれました。驚きましたね。これっぽっちもこちらが働きかけたことなどないのです……。

自分の頭上にいる神さまとつながる

山平　そうすると「ありがとう」は大変な力を持っているのですね？

小林　そう思います。なにも考えずただひたすら「ありがとう」をくり返す……、これが人間の持っている潜在能力の開発に役立つ。なにかいいことが起きるらしい、さらにそれが脳波を変えていくらしい……、そんなことが分かってきました。

小林　同時にもっと大事なことが分かりました。

「ありがとう」をくり返していくと、じつは自分の神さまとつながるらしいのです。自分の神さまというのは自分の守護霊です。私の実感でいうと、右脳の四五度の上、四〇センチぐらいのあたりに、二二センチぐらいの光の塊として存在しています。それが自分の守護霊です。四次元的な存在ですからめったにその姿を現すことはありませんが、自分がすごく楽しく嬉しいと感じる瞬間に、チラッと姿を見せることがあるようです。「ありがとう」をくり返していくと、呼応してくれるのがこの方です。

小林　自分の守護霊とつながることはじつは大変な進歩なのです。ここまでたどりつけば、あとは人生が楽になります。一切を守護霊にお任せしてもいいほどです。この方の存在を意識するか、その庇護《ひご》なしに自力でこの地上を生きていくか、その違いはとんでもないほど巨大です。武将であれ政治家であれアーチストであれ、大きな仕事をした人は自分の守護霊の存在を知っていました。人事を尽くした後は、すべてをその方にお願いをし、一切のゲタを自分の神さまに預けたのです。「人事を尽くして天命を待つ」というのはその意味だろうと思います。

これと反対に、誰の力も頼まず自力で生きるというのは、自分が努力して必死になって頑張るしか手がありません。これだと執着の世界から逃れられません。そんなヒマと時間があれば、この方とつながる動きをした方がはるかに効果的だと思います。

この守護霊を無視したり、ないがしろにしたりすると、守護霊はその人を離れ、壁ぎわでひざを抱えしょんぼりしてがっかりしている様子です。自分の守護霊を呼び戻す魔法の呪文が、日々の「ありがとう」らしいのです。

自分の神さまに感謝する

あるとき取材中に小林さんは、こうきり出しました。「どうも山平さんを見てますと、あなたは自力の人のようですね。自分の神さまを意識して、もっと自分の神さまに感謝したらいかがですか」と言うのです。

取材が少しずつ進み、僕が会社の運営のことで愚痴をこぼしたり、出版が大変だ、まだまだ努力や苦労が足りないのですかねえ、などと口にしたときのことです。

小林　あなたを見ていると、これまでいつも自分の力で、自分の才覚で人生を切り盛りしてきたようです。だからいつもばたばた手足を動かし、必死になってどこかの岸にたどりつこうとしているように見えます。ガチガチに肩に力が入って、目いっぱい頑張っている感じです。どんなに頭が良くてもどんなに優秀でも、人間一人の力なんて大したことはありません。ちっぽけなものです。

もっと力を抜いたらどうでしょうか。力を抜くとふわーっと体が浮き上がりますよ。もうどうでもいいやと抵抗しないで楽になってしまうんです。死んだってどうっていうことがないじゃないですか、みんないつか死ぬんですから。

成果が上がらないのは、苦労や努力が足りないからではなく、足りないのは周りの神々や周りの人々への感謝の気持ちです。自分の周囲の方々にもっと感謝したらどうですか。人にはそれぞれたくさんの味方がついているんです。その方々が深いところでちゃんと見てくれているのです。

もう一つあります。僕がある出版社を辞めて独立し、その戦績はどうかという話になりました。売れて儲かった本が三分の一、トントンが三分の一、損を出した本が三分の一。わが社の出版物の査定はそうなるのですと言うと、小林さんはなぜか嬉しそうに、ははと笑うのです。「三十年編集一筋の優秀なプロがやって七勝七敗七引き分けですか。私みたいな素人がやって全勝ですよ」と笑うのです。内心くそーという思いです。

山平　自力ですか……。たぶんそういう方法しか知らなかったんですね。

小林　ものすごく大きな壁を設定されないと、人はそうなれないのですね。はじめからそうなる人っていないんですね。キリストぐらいですよ、そういう人って。キリストは神の子ですからね。

ところが私たちは自力で乗り越えなさいと教えられてきたんですね、そういう教育でした。確かにあるところまでは自力でいいんです。

上杉鷹山《ようざん》の言葉ですが、「なせばなる　なさねばならぬ何事も　ならぬは人のなさぬなりけり」というのがあります。何事も意志があればやり通せるという考えですね。まさに自力発想の原典のような言葉です。たいがいの問題はこれでよかったのです。この発想で片づいてきたんですね。

ところがほんとうにどうにもならない問題がドンと突きつけられることがあるのです。そのときどうするか……。あらゆることをやってみたが、私にはできませんと思いきることなんです。

私の力ではどうにもならない、神さま、あとはお願いします、と言いきってしまうんです。それができた人は、その問題が突破できます。

そして一度それが突破できると、自分の手の届く問題に囲まれているときに、これは自力でもやれるけれど、このレベルにもお願いしようと頼んでしまうのです。なんの努力もいらない、ただただお願いするのです。

これは神仏だけではありません。目の前にいる友人、知人、家族、そして私の体、そのすべてが味方になってくれたら、私はただ「ありがとう」と言っているだけでいいのです。大きな存在に感謝するしかないのですね。

難病を抱えるとか、私の子供のように知恵遅れの子供を持つとか、リハビリや手術や意志力ではどうにもならない、つまり努力の問題ではないことがあるんです。この子をどうするかではないんですね。この子をそのまま受け入れるかどうかなんです。受け入れてその結果、「ありがとうございます」と神さまやすべての人やすべてのものに手を合わせる……、それなんだと思います。この子が感謝の対象となったら、もうこの子を変える必要はありませんからね。

山平　それが自分の神さまですか?

小林　神々のうち、自分の神さまというのはつまり守護霊です。守護霊というのは、いっぱいいる神さまの中での最下級生で、すべての人に一人ずつついています。もっと上にいる神さまと人間とでは、周波数が違いすぎて直接コミュニケーションがとれません。そこを介在して神さまへの取り次ぎをしてくれるのが守護霊です。その守護霊がじっと一人の人間について見守ってくれている……。その人を見ていて、その人のやっていることが周りから喜ばれることだったら、その人の望みをかなえてあげようと思うようです。

自分の神さまにもっともっと感謝するようになりたいですね、自力でできることなんてほんのわずかなんですよ。

小林　私が三十年間こういうことを学び、得た結論のうちでかなり重要なものが、この神さま、守護霊の存在でした。そして、そこから目に見えない四者の存在も確信するようになりました。

四者とは、神、仏、守護霊、精霊です。生まれ変わりも間違いなく存在します。この四者に対する感謝、これが大事なことだと思い至りました。

ある段階では心を込めなくてもいいから「ありがとう」を言い続ける……。これが、目に見えない四者に対するコミュニケーションの第一歩なのです。

山平　ふーん、これまで僕には神さまに祈ったという記憶がありません。すべてを自分で決め、すべてを自分で選択してきたと自認する〝近代自我〟の信徒にとっては、ドキッとするような話です。

自分の体に対する感謝

小林　目に見えない四者への感謝があるとすれば、目に見える四者への感謝も忘れられません。

目に見える四者とは、友人、知人、家族、そして自分の体です。友人、知人、家族は分かりますね。忘れがちなのが自分の体に対する感謝の気持ちです。

自分の体に対して感謝する人はあまりいませんね。

体は空の箱、空霊《からだま》からきました。魂の入っていない箱、というのが語源です。つまり白分の魂を入れてくれる容《い》れ物です。この世に生きている間、この体が自分の魂をあっちこっちへ運んでくれるのですよね。

この容れ物に「ありがとう」を言い続けると体はどんどん元気になります。この体を含め、目に見える四者に感謝すると、魂の容れ物である体はとても元気になります。

「ありがとう」を言い続けることで奇跡的ななにかに見舞われるというのは、むしろこっちの力によるのかもしれませんね。

それなのに人は自分の体の悪口ばかりを言いがちですね。やれ足が短い、鼻が低い、目がどうだこうだ……。悪口ばかりを言っていると、体はそれなら早く消滅させましょうと反応します。それとは反対に、この体のおかげで、元気に歩くことができ、食べることができ、見たり話したり笑ったりできるんだ。そのおかげで生きてることが嬉しい、楽しい、幸せだ……と言っていけば、体はもっと長生きしようと応えてくれます。

つまり体は自分のものであって自分のものではないのですね。自分の体だからどういうふうに使ってもいいわけではありません。たまたま今生でお借りしてそれに乗って生きているだけです。体の中には魂が入っていて、それがたまたま小林正観という名前の衣を着ているだけです、貸し衣装なんですね。この貸し衣装の頭部の中に二二センチほどの魂がすっぽり収まっていて、この魂が衣装を着替えながら、何千回何万回という生まれ変わりを重ねていくようです。

山平　その魂が人生のシナリオの作家だったのですね？

小林　そうです。この魂が作家です。何千回何万回と続くこの魂が、小林正観として生まれたこの世で何を学ばせるか、何を会得させようかと筋書きを決定したのです。シナリオを書いたのはこの魂です。このことが分かったとき、なるほどそうだったのかと合点がいきました。

ちょっと脇道にそれました。

結論は、力を入れず、頑張らないで、努力しないこと。いつもニコニコして「ありがとう」と言っていればいいことになります。

これが、「ありがとう」を一〇万回言って、いつもニコニコしていなさい、そうすればなにかが変わりますよ、という方程式の原理だったのです。

そうですか小林さん、こういうことを考えていたのですか！「小林さん、あなたは何を見ているのですか」という僕の問いは少し埋まりました。

なぜ、トイレ掃除か

おそらくはこのトイレ掃除が、最近の小林実践論の結論部分かもしれません。トイレをぴかぴかに掃除して蓋をしておくといいことがあるらしい、というのがここ数年来、小林さんが唱えて実践しているテーマです。

トイレ掃除の話の始まりは、アメリカの富豪たちが世界中に人を派遣して、三つのことを調べさせたことに起因するのだそうです。一つは不老不死の薬・食べ物・方法はあるか。二つ目は貧乏人が必ず金持ちになる方法はあるか。三つ目は金持ちが金持ちでいられる方法はあるか、というものだったそうです。

世界中を調べ、得られた結論はこうでした。

最初の不老不死についてはそんなものはない。第二、第三については、貧乏か金持ちかを問わず、金持ちには共通項があった。共通項とは、トイレの蓋が閉まっていたというのです。

話の結論をじっと待っていた人たちはこの結論を耳にして、ドッと爆笑したことでしょう。まるでブラックジョークです。

小林さんは、最初、自分でも笑い話として、つまり半信半疑で人に話しはじめたそうですが、トイレ掃除をしていくといいことがあるらしいという話を聞いて実行する人がいっぱい現れました。

そうしたら、トイレ掃除をすると次から次にいいことがあった、臨時収入があった、手がきれいになったというような報告がシャワーのように小林さんの元に届きます。数万円から五千万円までの現金収入があったという実話がたくさん伝わってきます。

山平　このロジックは何ですか。「トイレ掃除は、想像できないようないろいろな楽しいことを私たちに持ってきてくれるようです」と小林さんは書いていますが、これだなという根拠は何なのでしょう?

小林　あるとき、紙を使ってトイレ掃除をしていました。なんかの拍子にズボッと手が便器の内側まで入りました。その瞬間、さっと手を引っ込めようとする自分に気がついたのです。トイレ掃除という行為についてのメンツやプライドが、自分の中でとっくにけりがついていると思っていたのですが、まだ数パーセント消えていなかったんですね。ああ、これだなと氷解するものがありました。トイレは汚いもの、という執着がまだこびりついていたのです。見栄も残っていました。こだわっている自分ですね。だからトイレ掃除は、そういう自分の執着をほどいてくれる絶好の場なんだとあらためて気がつきました。この執着が消え失せたときに、いろいろ楽しいことが起きてくるようなのです。

いまでは爪で汚れを落とすようになりました。新幹線に乗ったときなど、汚れがこびりついたトイレを見るとついつい自然に手が出ます。洗わないで出てくるのがもったいないと思うようになったのです。かちかちにこびりついた汚れはトイレットペーパーでは落ちませんからね、だから爪なんです。

そうこうしてトイレ掃除に集中するようになって、なんと私もご褒美をもらいました。これまでに出版した私の本をすべて英訳しようという話がアメリカからやってきたのです。それと同時に、これまでに書いた本の未払い印税がまとまりそうです。これらのどちらかが一つでも実現すると、私のいまの収入にゼロが一つ余分につくことになります。これが臨時収入であり、楽しいことなんでしょうね。

山平　すごいお話ですね。しかしどうもこれは現金収入だけではないようですね？

小林　そうです。もう一つどうしても付け加えたいことが、トイレ掃除をすることで得られるある種の幸福感です。臨時収入だけでなくなぜか心がほっとする、と多くの人から朗報がありました。

あるお医者さんはこの行為は鬱病の人にとてもいいと言います。

これは私の推論ですが、鬱病の人には自分が嫌いな人が多いのではないでしょうか。ですから自分が好きになればいいのですが、自分が自分を好きになるポイントというのは、いかにばかばかしいことをやれるかなんですね。

トイレ掃除のようなことをやればやるほど、自分で自分が好きになるようなのです。これは一人でする作業ですから、誰かに覗かれたり評価されたりすることはありませんね。自分との対話ですから、ごしごしやっているうちにそういう自分が好きになるらしい。トイレ掃除をしたら鬱病が治ったというケースをもうずいぶん耳にしました。

ああそうか、と合点がいきます。

潜在意識を広げる論拠と同じなのです。

みんな毎日お世話になっているくせに、トイレを御不浄《ごふじょう》などと称し、別格扱いにして一段ランク下の存在と見なしてきました。小便も大便も汚いものとして分けてきました。その意識の段差を取り払ったときに楽しいことが生まれる……、そう考えると、このトイレ掃除の話はよく理解できました。

ふと考えてみれば、トイレ掃除は昔から禅宗の寺などでは必須の課題でした。自我をなくすのがその目的だといわれてきました。その目的に添うための何かがこの作業にあったにちがいありません。西田天香が創立した一燈園は他人の家のトイレを掃除することを課題にしていました。鍵山秀三郎さんという人はやはりトイレ掃除に何かをつかんだのでしょう。

この流れはいずれも教養主義的な人格磨き論、または人間性向上論としてトイレ掃除を位置づけているようですが、小林さんの場合は、臨時収入という大きなモチーフが機能します。そこがクラッシックなケースとの違いなのでしょうか。

臨時収入を意識して始めた人の中でも、それはもういい、おもしろくてやめられない、という人がたくさん出てきているそうです。伝統的なトイレ掃除論と小林正観ワールドがどこかで合流するのかもしれません。

そういうふうに理解がいくと、ただ「認識」するだけでは済まなくなります。そうです、「実践」を始めたのです。自宅と会社のトイレを、腕まくりしてピカピカにしてみようと掃除を始めたのです。小林正観ワールドを渉猟《しょうりょう》することで、僕の中で何かが少し変わったのかもしれません。

水洗トイレが普及した今日、自宅のトイレを掃除するにはさほど抵抗はありませんでしたが、一歩前に出ようと考えて近所の公衆トイレのドアを開けたときには、さすがに息をのみました。すさまじい現実が目の前にありました。嘔吐《おうと》がこみ上げてきて、僕の「小さな決心」を圧倒します。かろうじてやり遂げ、持参したタオルをじゃぶじゃぶ水洗いするころには、なにか心の中に小さな達成感、すがすがしさの萌芽のようなものが生まれています。執着が少しほどけたのでしょうか……。残念ながら臨時収入にはまだめぐり合っていません。

そうすると、重要な一項目が追加されることになります。

そうなのです、いつもニコニコして、「ありがとう」を言い、トイレ掃除をする……、これが小林さんがたどりついた今日の着地点のようなのです。

懐かしき人々

だんだん簡単になってきました。

自分の歴史を振り返ってみれば、そういう人はいました。いつもニコニコして、「ありがとう」を口にし、（おそらくは）トイレ掃除もやっていたような人たちは、確かにおりました。親父の実家の縁側でいつもニコニコしていたおばあちゃん、自宅で書道を教えてくれた小学校時代の優しい女の先生、帰省のたびに訪ねていくと、いつもニコニコ笑って東京での暮らしを静かに聞いてくれた親戚のおじさん……。

僕たちが「知」をかじり、少しずつ世の中が分かっていくにつれて忘れていったそういう人たちは確かにいたのです。それが、小林さんの到達したゴールで再び相まみえようとは！

山平　小林さんのイメージを探していくと、ある理想像に思い至ります。もう亡くなった人が多いのですが、懐かしい人たちをふと思い出しますね。

小林　死を迎えるときのイメージはこんな様子らしいですね。

頭上に光のドームがあって、そこにすっぽり吸い込まれるように頭から入っていきます。しばらく行くと広い空間に出て、そこがお花畑……。明るく光り輝き、まさに天国そのものの光景が広がっています。その先に川が流れ、橋の向こうには、何人か白装束のようなものを身につけた人々が待ち受けています。五、六人のときもあれば十五人ぐらいの場合もあります。その人たちはどこか見覚えのある懐かしい人たちです。一人ひとりの表情は定かではないのですが、亡くなった母親だったり、幼いころに別れた兄弟の誰かだったり、うんと自分をかわいがってくれた近所のおばさんだったり、生まれてすぐに亡くなった子供だったり。つまり、自分の人生で最大限の優しさを見せてくれた懐かしい人たちです。

そういう人たちと出会った瞬間、ありがたくて嬉しくて懐かしくて、涙がとまりません。あの人もこの人も、みんな自分をかわいがってくれた大事な人です。とうの昔に名前を忘れていた人もいますが、その人がどう自分の面倒を見てくれていたか、その情景がすぐに思い出されます。まさにこの世では味わうことのなかった至福の瞬間です。

よく、わたしが死んでも誰も泣いてくれる人がいない、などと悲しみを訴えるおばあちゃんがいます。しかしそうではないのです。おばあちゃんの人生で、ちゃんと何人かの人たちが彼女に愛情をふりそそぎ、面倒を見て、気にかけて、大事にしてくれていたのですね。

ですから生前から、その人たちを思い、記憶に留め、会話しておくことが大事なのかもしれません。十五人のその人たち一人ひとりをきちんと心に抱くことは、生きていく支えであり、生きていくよすがにもなりそうです。その人たちはいまでもおばあちゃんを見ているのですからね。

山平　そうですか、懐かしい人に会えるのですね……。

小林　橋の近くまでやってきて懐かしい人々に出会い、一刻も早くその橋を渡りたいのですが、そのとき後ろの方から、帰ってきて……という声が聞こえたりすることがあります。それを聞いてこの世に戻る人がいます。これが臨死体験です。いったん橋の近くまでいきながら、なんらかの事情で戻ってきた人のほとんど、百人中百人の人が、もう決して呼び戻さないでくれと言います。それほど甘美で懐かしく嬉しい瞬間なのだそうです。この話を聞くかぎり、死ぬことは怖くありません。

ただし死に急いではいけませんね。やはりあの世は、今生与えられた自分のつとめを果たしてから行くところなのです。自分で書いたシナリオを、途中で放棄しないで今生でちゃんとやっておいた方がいいようです。途中でそれを放棄すると、また同じところからやりなおさなければならないからですね。

神さまのような人

山平　川の畔《ほとり》には懐かしい人たちが待っていてくれるのですか。心がとてもほっとします。孤独だったり寂しかったりしょげたりするときがあっても、懐かしい人々を思うことでずいぶん救われますね。孤独じゃないんだとか、ああ、おやじやおふくろが見ていてくれるとか、元気が出ます。ところで小林さん、小林さんがいう理想像をずっと突き詰めていくと、それはもうほとんど神さまではないでしょうか？

小林　そうです。結局私たちは神さまになるための予備軍なんですね。ただ神さまになるための道を歩いているだけなんです。あっちへ行ったり、こっちにぶつかったりしますが、結局はその道をまっすぐ歩いているんです。

ちょっと考えてみてください……。

すべての人に寛大寛容で、公平平等で、どの人に対しても同じ穏やかさで差別せず、恨《うら》みも妬《ねた》みも嫉《そね》みも復讐の心も持たず、不平不満を口にせず、ありとあらゆる人、ありとあらゆる現象を喜んで、いつも「ありがとう」を言っている……。

一言でいうと、どんなことがあってもいつもニコニコしていられる……。

これはもう神さまでしょう。「神さまのような人」と言いますね。それを一回ごとの人生で訓練しているのです。

私たちは、神さまはどこか遠くにいると思っています。なにか遠い存在だと考えていますよね。そうではありません、そういう神さまのような人は、すぐ近くにいるんですね。

悟った人

山平　長女のとき、小林さんは悟りを得ましたね。いまも悟りを重ねているのですか？
小林　ははは、ぜんぜんまだまだです。でもほんの少し分かってきたものがあります。つきつめていくとこの宇宙の構造がすごくシンプルだということが分かってきました。簡単で単純で、しかもおもしろいのですね。しかし単純なだけにすごく奥深いことも分かってきました。
投げかけたものが返ってくる……。いまは過去に投げたものが返ってきているのです。未来は、いま投げたものが返ります。その積み重ねです。その主体は自分です。自分が投げる……、その結果を受け取るのは自分です。「おい、誰か頼むよ」と他人に任せる方法は通じません。自分の人生は自分が投げかけないかぎり変わりません。私はその仕組みと方程式をほんの少し言えるかもしれませんが、どうあがいてもその本人にはなれません。

小林　宇宙には幸福も不幸もない、あるのはそう思う自分の心だ……、そう分かりました。会社が倒産した、リストラされた、病気になった、事故にあった……、つらい、悲しいと悩む自分がいます。しかしその考え方を認識しなおすと、なにかがきれいにほどけてきます。人は苦しむためにこの世に生まれてきたのではないのです。そんな方程式は宇宙にはありません。

肩を叩かれリストラされたことは、ほんとうはものすごくラッキーなことかもしれません。次の訓練のためのステップだったのかもしれません。ほんとうに自分がしたい仕事が見つかるチャンスかもしれません。恨み辛みを言うのをやめて、すべてのことに感謝し、「ありがとう」を言うと、本人がいちばん楽になって楽しくなりますよ。

小林　人生は自分が書いたシナリオ通りだ……。それが納得できると、やってくる現象一つ一つに対して、あれこれ論評や文句を言わなくなります。逆に、自分が書いたシナリオが今日どんな形で現れてくるのか、わくわくしながらその現実を見られるようになります。

このシナリオは、いい悪いがありません。何が起きても何が来ようといいんです。淡々と過ぎていく現実を見ていればいいのです。自分が書いたのですから。

うーん、なかなかです。

しかし小林さんのような実践を背中に背負った〝確認する人〟にとっては、そのプロセスには気の遠くなるような一つ一つの検証がありました。ある一つをとっても、学者が生涯かけて研究し、一生食っていけるようなフィールドです。しかし、そのいくつかの山を越えてみると、目に入るのは案外簡単なことなのかもしれません。

「宇宙の原理はシンプルです」と言ったのはニュートンですが、小林さんが見えてくれば見えてくるだけ、真理は単純になっていくものなのかもしれません。

実践者

そうこうして小林さんがたどりついた地点を考えてみると、こういうことになりそうです。

実践する分野は三つです。

心の分野ではどんなときにも「い・ど・お」（威張らない・怒鳴らない・怒らない）に

徹すること。言葉の分野では、「ありがとう」をたくさん言うこと。行為の分野では「トイレ掃除」をし続けることです。

そうですか、威張らず怒鳴らず、「ありがとう」と言い、トイレ掃除をすることですね。

少し分かってきました。

小林正観さんの不思議さは、長い時間をかけてつくり上げてきたその認識が、単なる知的なそれに留まらないことです。

認識で身を固め、砦を築き、その中で蘊蓄《うんちく》をこねる人はたくさんいます。学者がその典型例ですが、知が主体ですから、生きていく生活から遊離している場合が多いのです。

小林さんのユニークさは、あることに気がつき、それがおもしろいと思ったらまず自分で確認し、その上で実践までもっていくことです。大事なことは実践だというのです。ただし、そうしろと無理矢理に他人を説得しません。他人を口説く、説得するという概念は小林さんにはまったくありません。そういう仕組みになっているようですねと構造論を語るのが基本スタンスです。

ただし、その実践論の内容チェックは唯物論です。必ず自分の中でいったんは寝かせておくか百人の人に裏付けをとるという手法が生きていて、その方程式が確かに成立することが分かってから初めて口にするようです。

小林さんは説教者ではなく実践者としてあり続けたいようです。

おそらく六十歳になっても七十歳になっても、おもしろい実践者であること、顔も知られたくない、金持ちにならなくてもいい、すごい人と呼ばれたくはない、有名人でなくていい、名前が出なくてもいい、金と権力を与えられても威張らない、ハンドルを握っても居丈高にならない、酒を飲んでも狂わない……。ひたすらどこかで実践する人であること、それが小林さんの願いのようです。

〈第五章〉

自分が太陽になる

ある母親の悩み

小林正観さんを囲むある会合でおもしろいシーンに遭遇しました。

ある中年のご婦人が、不登校の息子さんのことについてこぼし、どうしたらいいかを一生懸命に小林正観さんに訴えています。正観さんの処方箋はただ一言、「放っておきなさい」です。

この対話には前史があるらしく、小林正観さんの言い分は、そのご婦人が母親として打つべき手――信頼できる医者を手配した、学校の手配を終えたなど――をすべて打ったからには、もう息子さんにはかまわなくていいというのです。

そういう母親役は卒業して、自分が自分で太陽になったらどうですか。そうする方が息子さんのためだし、家族のためにもなります、家の中もきっと明るくなります。ただ息子のことをおろおろ心配して、そのついでに主人の悪口を言い、かかりつけの医者をこき下ろし、あらゆることに愚痴を言う……、そんな役回りから脱却したらどうですか。彼女がいまできる最高の役回り……、それが「自分が太陽になることだ」というのです。

ご婦人は言われたときには少し神妙に、はいそうですね、と理解を示すのですが、数分もすると、しかしですね、と子供が陥っている状況と自分の悩みに戻ります。

この問答はくり返し続きました。同じ状況であれば僕だったら、いい加減にしなさいと怒鳴りたいところですが、小林さんは同じペースでくり返しくり返し「あなたが変わりなさい」と言うのです。

自分が太陽になる

山平　これまで小林さんはこういう場面では、もっとすごい人になれとか、相手が変わるのを期待するのではなく自分が変わるのが早道です、という言い方をしてきたようですね。自分で太陽になる、というのは新しい表現です。なにか相対的な表現ではなく絶対的なつきつめのような感じです。どういうことでしょうか？

小林　いや、同じことですよ。相手のペースに合わせ、そこでいちいち対応するのではなく、自分が変わるということでは同じことなんです。そのつきつめを自分が太陽になれと言ったんです。

太陽にはまず明るさがありますよね。太陽が上がればまわりが暖かくなります。さらに太陽の光を浴びていると、人は——動物植物も生きとし生けるものすべてが——大きくのびをしたり、体を動かしたり、なにかをしようという気になります。つまり太陽になるというのは、明るさ、暖かさ、そして相手を芽ぶかせるもの、なにかやる気を起こさせるもの、その三つを持つようになるのですね。自分が太陽になっていつもニコニコしていればいいんです。そうなると、あなたのそばにいると明るく暖かな気分になるといわれますね。それでいいんです。

山平　同じところを堂々めぐりするのではなく、まず一歩踏みだしてみる……、そういうことですか？

小林　まず自分が明るく楽しくなる……、それが問題解決の第一歩です。家中が暗く重く沈んでいるときに、とりあえず自分がまず変わる、そうするとだんだん家族が寄ってきます、そっちの方が楽しそうだから。家中がみんな暗い顔をしていても永久になにも変わりません。ただ、これは解決のすべてではなく、単に出発点です。

山平　ご婦人の例は家庭内のことでした。これは一般的にも通じますか？

小林　そうでしょう。社会の問題を自分でいっぱい抱え、暗い顔して悩んでいる人がいるとします。その人は問題点を次から次へと列挙してくるだけだから、たぶんその人のそばにいても楽しくないと思います。ところが、いつもニコニコしながら、今日も空がきれいだとか、庭の花がきれいに咲いたとか、いつも楽しい言葉がその人から出てくるとします。その人のそばにいるのが楽しくなりますよね。

数カ月後、その人に出会ったのですが、ずいぶん変わっていました。ダンスを習いに行ったりして、とても明るくなっていました。太陽になる道を一歩踏み出したのかもしれませんね。

解決策は自分にある

山平　家庭にしろ社会の問題や対人関係にしろ、小林さんにはそれを解決する原則が見えているようですね？

小林　人生相談の問題を含め、全部を一言でいうと、自分に解決策があるということなんです。問題を解決するのは自分ですよということですね。

山平　他人の問題でも社会の問題でも景気の問題でもない……。責任を転嫁してはいけないということですね？

小林　そうです。自分の問題ですよね。

あるとき、こんな相談を受けました、学校の先生でした。生徒の私語がひどく、いつもざわついていて自分の話を聞かないと言うんです。

生徒が悪いのでしょうか。いいえ、先生の問題ですね。生徒があなたの話を絶対に聞かなければならないようにすればいいんです。そう言ったら、だってだってと不満そうでした。生徒はまず先生の言うことを聞くべきだと彼女は捉えているんですね。しかしまず無理でしょうね、それをいまの生徒に要求しても。

話の運びから授業の内容まで、生徒が身を乗り出して聞くような先生になればいいんです。うんと勉強して、この先生の話は聞きもらせないぞ、と思わすようなおもしろくてすごい先生になればいい。生徒の問題ではなくやはり、先生が解決策を握っているんです。自分なんです。

山平　その先生に通じたでしょうか？

小林　分かりません……。

もう一つの例を挙げます。有名な観光地の観光協会の偉い人でした。ご自分でもホテルを経営しています。観光客が多いときにはホテルにも客の入りが多く、少ないときにけやはり客が少ないというのです。行楽客の増減に合わせて客の出入りがあり、しかも年々、観光地全体のお客の数が減ってきているのだそうです。

しかし、それではあなたは経営者として何をしてるんですかと聞きました。いろいろ尋ねてみて分かったことは、何もしていないんです。いわゆる「経営」をしてないんです。ですから五つぐらい改善策を挙げて、まず自分のホテルの魅力をどう作るかという話をしました。このホテルだったらまた泊りたいと思わせるような魅力を備えること。駅から遠く離れていようが、そんなことはどうでもいいんです。有名観光地というバックをまず捨てること。自分のホテルの魅力を作ること、そう申しあげました。これまですべて有名観光地という看板に寄りかかっていて、自分の経営をしていなかったのですね。解決策は景気や観光地の動向なんかではないのです。やっぱり自分です。

山平　まず自分の魅力を作る、ということですね。

小林　たとえば駅前の人通りのあるところに店があるとします。だから勝手に客が来る……。それに甘えてのほほんとしていたら、まず永久にだめですね。

自分で魅力のある楽しい店を作る。客層は、品揃えは、店構えは、いろいろ考えて魅力的な店を作るんです。ふと気がついたら駅前で人通りが多かった……、もちろんそれも計算に入れよう……。でも、その順序を間違えたらだめですね。まず自分がやれることをやる。それが店づくりということですよね。それが自分の解決策なんです、誰かが解決してくれるのではないのですね。

自分が悟ればいい

小林　自分で悟って太陽になればそれでいい、というのがお釈迦さまの考え方でした。この立場は小乗仏教の考え方です。自分が悟ればいいんです。解決策は自分にあるんです。

これに対して大乗仏教の考え方は、大きな乗りもの、ということ。悟った人はたくさんの人を救って彼岸に行こう、という考え方です。大きな船に乗せて彼岸にみんなを連れていってあげましょうというのです。日本の仏教は大乗仏教的なところが多いようです。お釈迦さまが生きていたころには大乗仏教、小乗仏教という区別の仕方はありません。

お釈迦さまが亡くなって五百年ぐらいしてから——西暦でいうと一、二世紀ごろ——出てきた考えです。大乗仏教というのは、大乗の立場の人々が小乗仏教をバカにして小乗と呼んだことから始まりました。自分が悟ればいいんだというのはなんだそれは、というちょっと侮蔑した言い方ですね。小乗の立場をバカにしたが故に自らを大乗と呼ぶことになりました。

むろんお釈迦さまが言い出したのではなく、五百年後の人々が言った。

ご承知のように大乗仏教は、中国、日本へと渡ります。

一方、小乗仏教はタイ、ビルマ、インドです。川の畔かどこかでじっと何年か端座して、ある日、「悟った！」とか言って、自分が自分で太陽になればいいんです。

私が悟ればそれでいい、というのがお釈迦さまの言う悟りの本質でしょう。みんなを救うのが第一なのではなく、まず自分が悟ることです。

山平　自分が悟ればいい、その後で他人の立場を考えざるを得なくなったときにそれを考えればいい……、その順序ですか？

小林　持ち込まれたらね。

頼まれてもいないのに人を救ってあげようなんて思う必要はないと思います、職業でもなければね。救ってあげるのが職業の人は別ですね。僧侶が考えるのはいいんです。そうでなければ、自分がとりあえず悟ればいいのではありませんか。

小乗仏教と大乗仏教

小林　中国に入った大乗仏教は、困っている人、苦しんでいる人を救えという立場に変わりはありませんが、日本にやってくると、日本の僧侶たちは肩に力が入ります。世の中の困っている人々すべてを救わなくてはいけない、という具合に。

空海はなるべく世間と喧嘩しないで角《かど》を立てず融和的に事を進めようとしますが、空海と対極の立場に位置していたのが最澄でした。物事を究極まで論じなくてはいけない。極めなければならない。したがって最澄にとっては、ことごとく物事に黒白をつけずにおられなかったし、その主張も論理的で哲学的でかつ非妥協的でした。

こうした背景の下で、仏教は国家を動かすような力さえ持ってきます。

山平　そうして日本には大乗仏教が根づいたのですね？

小林　そうですね。こうした素地をうけて、近世、日本的大乗仏教の推進役を買って出るのが時代劇ですね。やれ水戸黄門、徳川吉宗、遠山金四郎といった時代劇ドラマの思想が、強烈な刷り込み《インプリント》となって日本人の中に定着します。

困っている人がいたら救ってあげるのが当然だ、それが人の道だ……。そういう立場からの思想が人々を呪縛《じゅばく》してきました。

こうして長い間、大乗仏教の呪縛が存在し続けます。

時代劇でいえば、シナリオライターも監督も、出演者からディレクターに至るまでが総がかりになって、「困った人がいたら救いなさい」という美徳の形成に奔走しました。

自分にできないことを自分にもできると思い込まされたこと、目の前に困った人がいたら必ず出ていって自分の力で解決してあげる……、それが人倫の道だというわけです。

山平　そういう考え方は今日でも広く流布しているようですが……？

小林　しかし、そもそもそんな力を人は持っていないんですね。

もともと黄門さまだって吉宗だって遠山の金さんにだって「権力」がついていたのです。

本来、あれは史実にもない作りものですし、その「権力」さえもニセモノです。

にもかかわらず、まるで私たちは正義の味方のように、困っている人々をぜんぶ救ってあげられると思い込まされてしまった。それが人の道、とでもいうように意識の奥底に刷り込まされてしまったようです。

「使命感」というやっかいなもの

小林　こうして生まれたのが使命感です。使命感や正義感に溢れ、それを声高に振り回す……、そういう構図はこの国の至る所に充満していますね。

その「使命感」にはすさまじいものがあります。この呪縛から逃げ出さないかぎり、この世の悩み苦しみのすべてが自分の中にまとわりつくようになります。私がそのことに気がついたのが三年ほど前でした。

それはどうも違うのではないか、そんなことをお釈迦さまは言わなかったのではないか。日本という国の中で日本人がつくり上げていった巨大な幻想なのです。

なぜか……。

使命感や正義感はとかく他人を糾弾するからです。使命感が争いと憎しみと敵をつくることが多いのです。こうしてはいけない、ああすべきだ……。達成目標が提示され、目標に向かっての進捗度《しんちょくど》が表示され、ある価値の実現に向けての競合関係が出現します。誰かに較べてお前はどうだ、お前は力が入っていない、お前はさぼっている……。こうして他人を糾弾する構造が出現します。

山平　この国のどこを見ても、そういう使命感だらけのようですね？

小林　あるとき、あることと闘っている人たちの顔を見たことがあります。私たちは正しいことをしている、生き方を説いている、しかるべき姿を再興するのだ……。それに合わせて妙な理論武装をしているだけ、おかしな人相になっています。こういうエゴの主張、使命感の突っ張りは、周りにとってはけっこう迷惑なのかもしれません。

山平　足もとができていないのに大義を説く……、そういう図式が多いようですね。

小林　もちろん使命感で動くそういう人がいてもいいのです。そういう立場にいる人、そういう力を持っている人がいても、それはそれでかまわないと思います。その本人に自分の苦悩や煩悩がなく、一方で社会の矛盾や困っている人を救済することに天命を感じる人がいたら、それはけっこうな話です。どちらかといえば個人の趣味の問題になりますから。

しかし、当人に苦悩、煩悩があるとしたら、この種の気負い込みはけっこう重いのです。なにより、助けているつもりの人が、暗い表情をしてこの世の苦悩を一身に背負い、笑顔一つなく道を説くとしたら、それこそ誰も救われないのではありませんか。

できないことはできないと言う

小林　そのいい例が私に持ち込まれる人生相談です。自分に解決できないことを、まるで熊手で集めるようにしてかき集める……、それが人生相談の九八パーセントの内実です。

人生相談のほとんどが自分のことではありません。こういう人がこういうことで悩んでいます、苦しくて見ていられません。それを救ってやるにはどうしたらいいでしょうか……。

隣人としての悩み、家族の悩み、それらはほとんどが他人の悩みです。

これらへの私の答えは「放っておきなさい」です。

なんで自分のことを考えないのか、なんで自分の力と相談しないのか。あなたは神さまですか。あなたにその人のことが解決できるのですか。もしできないのであれば、あなたが考えても仕方がありませんね。もちろん解決できるなら解決してあげてください。なぜ自分に解決できないことを次から次にかき集めてくるのですか。
「いや、誰かが解決してあげなければいけないと思って……」
「その誰かとはあなたですか、あなたでなければならない理由は？」
「いえ、私にもできるかなと思って……」
「でも解決方法を知らないんでしょう？　じゃ、考える必要がないですよね」

自分の身の周りを考えてそんな力がないことが分かったら、自分にはできないと正直に言えばいいのです。これが九八パーセントの真理です。

山平　心配しなくていいというのですか？

小林　ほんとうに大変だと思ったら、人はなんらかの形でそれを具体化します。阪神大震災のとき、駆けつけるとか自分の財布からなにがしかのお金を送金するとかね。なんにもしないで、つまり身を安全地帯に置いて、ああこう言っても仕方がないということです。

アトピーの子供を持つ友人が悩んでいます。なにか具体的な方法論を持っているのなら……、たとえばアトピーにとても優れたお医者さんが知り合いだとか……、その悩みを共有することも考えられますが、もしその方法がなければ、なんとかしてあげるなんて言えません。ごめんなさい、分からない。誰かその力を持っている人を探して……、と答えるしか方法がありません。

できもしないことを、なんとかしようとかできるというのは、思い上がりです。傲《おご》り昂《たか》ぶりなんですね。

二段階革命論

山平　それをつきつめていくと、自分の身の周りだけ考えればいい、というふうにも聞こえますが……？

小林　他人の苦しみ、悩みに対して不感症になれ、と言っているのではありませんよ。人のことはどうでもいいと言っているのでもありません。ヒューマニズムは誰にでもあります。自分にできること、できないことをきちんと分けて考えようといっているに過ぎません。

ただその場合、日本人の歴史からみて大きな呪縛となっているのが使命感という難物です。ですから私はあるときからこういうふうに考えるようになりました。

困っている人をぜんぶ丸ごと救おうなどということは、どう考えても私にはできません。私に何ができるか……。

もし目の前に心を氷山のように閉ざした人がいるとします。あなた、氷山ではいけません、暖かい人になりなさいなんて一般的に気安くはいえません。方法論もなく効果のほども知らず、というのでは喧嘩になるかもしれません。

でもたった一つ、方法があります。「自分が太陽になる」ことです。自分が北風のままであれば、その人の氷はいつまでも溶かせません。自分が自分で太陽になる……、これは簡単です。相手を変えるのではなく自分が変わるのですから。

つまり小乗仏教でいう「自分が悟ればいい」のです。自分が太陽になればそれでいいのです。自分が太陽になれば、その結果、周りの人が安らぎを覚えて暖かくなり、楽しくなり、なにかやる気が出てくるかもしれません。

大乗仏教の立場――困っている人すべてを救おう――を全否定しているのではありませんよ。まず自分で変わる、そこを経てから他人のことを考えるという二段がまえの方法です。むしろ人間の有り様としては、自分が太陽になった後では、そうなった方がいいのかもしれませんね。

大事なことは、自分がまず太陽になるということ。そういう前提を素通りしないという点でしょう。トンネルを突き抜けてから向こうの原っぱに出かけよう、いきなり迂回して向こうに行くと苦労しますよ、という発想です。

自分で笑顔もなく、楽しくも暖かくもないのに、誰かの氷を溶かしてあげようなどと発想するのは、どこかがおかしい。それではあの永遠の呪縛に戻ることになり、時代劇のヒーローになってしまうのです。自分がまず太陽のような人に変身してニコニコしていれば、人が寄ってきます。それが徳、人徳でしょうね。

ちょっとアホな太陽になる

小林　私はそういう考えに行きついたのが三年ほど前のことでしたね。そう考えるようになってずいぶん気持ちが楽になりました。

ただ、誤解されないように申し上げますが、私はそういう意見を世間に大きな声で主張したいのではありません。そういう活動をしたいわけではないのです。

私にはもともと使命感がなくて、世の中を良くしよう、人を救おう、人を幸せにしようといった気迫がまったくありません。

私にとっての関心は、私がどう生きるかということに尽きます。その結果として、周りの人が嬉しい・楽しい・幸せといってくれることを拒否はしません。

世の中、変えてやるぞといって、気迫をもって生きるスタイルが私にとっては少しつらいのです。そういう人たちはちょっとはた迷惑なのです。どうしても力が入り肩で息をするから、隣の人の分まで酸素をよけいに吸収しますからね。

もしも地震がくるぞとか津波がくるぞとか、天変地異を告げる情報を得たら、私はおそらく人には告げません。死ぬときは一緒に死ぬと思います。自分だけが助かりたいとけ思いません。

山平　それでは、小林さんの目的はどこにあるのでしょうか？

小林　私の目的は、結局、喜ばれる存在になるということになります。

自分が明るく楽しく、ちょっとアホな太陽になることが、いちばん周りに喜ばれるという方法論を知ったからです。

究極は喜ばれる存在になること、そのために何をするか……。

単純なんです。喜ばれるためにあれこれ考えることではなく、私自身が明るく楽しい人になればいい。その結果、私も人に喜ばれる存在になれるかもしれません。つまり目的を遂げるには二段階が必要だというわけなのです。二段階革命論なのですね。

元来私は人がいやがることをあまりしない方ですが、自分を殺してまで人の喜ぶことをしようとは思いません。偽善でも偽悪ぶっているのでもなく、ほんとうにそうなんです。この目的と方法は同時進行です。どちらかが肯定でどちらかが否定ではないのです。両方を肯定した上で、目的と方法が同時進行しているのです。

もともと幸福も不幸もこの世にはない、成功も失敗もないんだということが分かったら、濃く生きる必要なんてありません。淡々と生きるだけです。

人の役回り

小林　あるとき、こういうご相談を受けました。

派遣チームの一員として海外医療に行けといわれたお医者さんからです。もちろん自分の患者を抱えています。患者を放って行くのは困る……、どうしようかと悩みます。

そのお医者さんにとって、患者の問題が解決したら行けばいいし、いま手を離すのが患者にとって致命的だったら行かなければいい……、私はそうお答えしました。

そういう状況が出てきたら行けばいいのです。その人のシナリオに行けと書いてあるのであれば、そういう環境が自然に生まれます。必要があれば人はそういう羽目になるものだと私は思っています。

小林　同じような問題で、ある看護婦さんが相談にやってきました。アフリカの飢餓の子供たちに手をさしのべたいから、いまの勤務先を辞めたい、と言うのです。

私は、いまあなたの目の前にいて困っている患者への関心と、アフリカの飢餓の子供たちへの関心とでは、どこでどう分けるのですかと聞きなおしました。

あなたの動機を、人はそれはすばらしい、崇高な行為だと誉《ほ》めるかもしれません。人間関係で悩んでいるから環境をがらり変えたいとか、お金が必要だから稼ぎたいとかいうのなら理解できますが、なぜ目の前で病いに苦しんでいる人を放ってアフリカまで飛ぶのか、それは心得違いではないのかと私は言いました。

人にはテリトリーがあって、そういうことをしなければならない立場の人は、自然にそういう羽目になるのです。そういう状況がひとりでに生まれます。

海外派遣の医療チーム入りしたお医者さんの場合は、彼が担当する患者さんの都合でそういう状況が生まれたそうです。担当していた患者さんが転院したり、しばらく自宅療養する人が出たりして、手が放せるようになったそうです。つまり行ってもいいような状況ができたのだそうです。

そういう状況は自然に見えてくるようです。

そういう羽目になるというからには、事態はそういうようになりますよと、その人のシナリオに書いてあるのでしょう。そのことを私は、「風が吹いているか、川が流れているか」と表現してきました。

お医者さんの場合も看護婦さんの場合も、行くのが必然であればそういう風が吹き、そういう川が流れているようです。

小林　お釈迦さまは仏教徒ではありません。キリストがクリスチャンではないように、伝道者でも宗教家でもありませんでした。ただ一人の「実践者」だったのですね。目の前にいる苦しんでいる人を救うことがお釈迦さまの関心事だったそうです。自分の目の前にいる人が悩んでいる問題については、逃げも面倒くさがりもしないで、一生懸命に自分の時間を割いて相談に乗ったそうです。ところが、その人のことではない他人のことを持ち込まれたときには、いきなり結跏趺坐《けっかふざ》して黙り、脇を向いたそうですね。

この一事を見ても、お釈迦さまという人はいい人だなあ、なんとも魅力的な人だったなと思います。

徳川家康の徳

小林　人徳といえば徳川家康を思い出します。

家康は十八歳のときに古巣の岡崎城にやっと帰還します。今川の捕虜の立場からの帰城です。集まってきた昔の家臣たちは一様にバツのわるい思いです。みんなが、城を見限って去ったという後ろめたさを、十二年ぶりの若殿に感じていました。腹を切れと言われたらどうしようなどといいながら、場合によってはいつでも逃げ出せるように斜《しゃ》に構えての対面です。

このときの家康（当時元康）の対応がすごいものでした。

みんなよく帰ってきてくれたと壇を降り、酒を注ぎながら家臣たちに頭を下げて感謝してまわったというのです。

それを見た家来たちは、この人物はただ者ではない。この人にならら命を懸けよう、この殿に仕えようと決心します。

この瞬間、三河武士団は結束したのです。関ケ原の戦いや大阪冬の陣、夏の陣でも、一人残らず完全に家康のいうとおりに動きます。いや、家康が死んだ後も、旗本八万騎（旗本八万騎というのは、実数二万騎に、それぞれ四人ぐらいの家臣、用人などがついていた）は、この殿様の偉大さを子々孫々に伝えたといいます。

家康の座右《ざゆう》の銘《めい》というのがこれまたすごいのです。

「水はよく船を浮かべ、水はまたよくその船を覆す」といいます。船は自分の力で浮かんでいるのではない、浮かべてもらっているんだ、だから感謝しなくては……という認識です。

この時代、どういういきさつで家康はこういう認識を抱くようになったか。

人質としての暮らしは、六歳ごろから始まります。朝起きるといつ殺されてもいいような状況が続きます。精神を健康に保つには、なまじ生きる望みを抱くことが許されません。ふつうだったら発狂するかもしれません。それでも生きるためには、目の前の一人ひとりを味方につけ、誰一人からも嫌われない人物をめざすしか方法がありませんでした。

それは媚《こ》びることではありません。誰をも公平に扱い、一人ひとりに尊敬の念で接し、自分が生きていられるのはこの人々のおかげによるものだという考え方に至ったのです。

「胆力《たんりょく》」というこの座右の銘は家康の禅の師匠が教えた言葉だそうです。一夜づけの付け焼き刃の認識ではありません。こういうのがほんとうの徳というのかもしれませんね。

未知なる世界への旅人

山平　人それぞれの職業について小林さんはどう思っていますか？

小林　何をやってもいいと思います。私自身、何かにあまり気合いを入れているというのはありません。ある職業にこだわるのも「執着」のような気がしています。

山平　小林さんは世間をじっと見ていて、そこに流れている方程式のようなものを発見しますね？

小林　そうですね、世の中の動きを見るのが好きなんですね。自分の世界を広げるものが三つあると思います。一つは読書、一つは旅、一つは人の話です。どんな立場だろうと、この三つは自分の中でやり続けますね。

山平　そうして見聞を広げてこられたのですね。

小林　私は未知なる世界への旅人だと思います。だから物ごとに興味があり、ものの仕組みや構造に興味がわくんですね。音楽の話でもいいし、絵の話でもいいんです。畑でナスを作っているおじいちゃんがいて、ナスというのはこういうものでねという話が出れば、それに耳を傾けるでしょうね。驚いたりうなずいたりしながら。世の中がいったいどうなっているか、そこに興味があるんですね。だから父の後を継いでスーパーマーケットをやっていたとしても、きっと視察と称して全国を飛び歩いていますね。

山平　ものの仕組み、構造というのは、方程式と捉えてもいいですか？

小林　そうです。宇宙の方程式を探し出してきて、それを日常的に使い込んでいくのが楽しいのですね。構造論というのはイコール宇宙の方程式みたいなものですが、それを人間に当てはめると心理学になりますね。心理学というのは、宇宙の構造原理や方程式の中で、人間に限った部分ですね。人間に関しては、こうしたらこうなるという部分ですね。それが心理学です。

山平　たとえばどういうことですか？

小林　脅かしたら人間は動きますね。脅かしで動くのが十分の二だとすると、誉めてたたえると十分の七くらいです。おもしろくてしょうがないというところにいったら十分の十ですね。いちばん役に立たない関わり方が、努力しなさい、頑張らなくちゃいけないというもの。これは十分の一ですね。

人間の心というのはそういう方向性を持っている。そういうのが仕組みなんですね。

山平　裟婆《しゃば》を見て、風の動き、川の流れを見ている……。そういう心理学を見ていく……そうすると宇宙の方程式が見えてくるというわけですね。やはり基本としてはウオッチングするというのはおもしろいのですね？

小林　こうしたらこうなるという方程式を発見するのがおもしろいんですね。それが分かったら次に行こうというのではなく、それを使ってみるのです、自分の人生の中で。その推論が当たって、その通りになったら、それはそれでおもしろいんですよ。

山平　未知なる世界の旅人である小林さんにとっては、著述業と、こちらの町に来て講演してくれませんかということは同じですか？

小林　同じことですね、まったく同じです。

〈第六章〉 「ありがとう」の時代

「今」を生きる

山平　小林さんの考えが少し分かってきました。執着のこと、脳波のこと、コペルニクス的転回のこと、ありがとうのこと、人生のシナリオを書いた人、色即是空、幸不幸と心の関係、神さまのこと……、そういうお話を聞いていきますと、どうもガツガツしている人生がばかばかしくなってきますね。

小林　そういう生き方で苦しんできた人には、それは当然でしょうね。

山平　しかし一足飛びに小林さんになれるわけではなく、現実の暮らしもありますね。そこにギャップが生じます。どうしたらいいでしょうか？

小林　私はどうでもいいことはあまり考えないんですが、たった一つだけいつも考えていることがあります。それは「念を入れて生きる」ということです。「念」というのは「今の心」と書きます。

私たちが出来ることは、じつはものすごく単純なんですね。いま目の前にあることを大事にする……、これしかないのです。私たちは無限の未来があるなんていいますが、無限の未来はないんです。未来というのは永久に目の前に来ません。目の前に来るのは「今」だけ。今、今、今なんです。そこにしか解決策はないんです。過去に解決策はない。未来にも解決策はない。解決できるのは「今」を通してだけなんです。

ですから出来ることは、いま目の前にある人、いま目の前にあることを大事にするということに尽きるんです。

少し前まで私も、今日寝て起きたら明日だと思っていたのです。ところが違うんですね。「今日寝て起きたら今日だ」と神さまから教わりました。ショックでした。どうしてこんな簡単なことに気がつかなかったのか。今日寝て起きたら今日なんです。私たちの前には今日しかありません。ものすごく簡単なことですね。

山平　今日起きて寝たら、明日ではなくて今日ですか。永遠に今日なのですね？

小林　お釈迦さまが周りの弟子たちに、人生の長さはどのくらいかと尋ねたそうです。ある弟子は三十年、ある弟子は五十年、ある者は七十年と答えました。釈迦はぜんぶ違うと言った。人生の長さは一刹那《せつな》一刹那、その連続だと。一拍手の中に六十五刹那が入っているそうです。釈迦が決めた時間です。一秒にも足りません。だからビデオが一秒に六十コマなどと聞くとおもしろいですね。一刹那というのはビデオの一コマというわけです。一刹那が六十五分の一拍手……。それが私たちの人生の長さだというのです。私たちはその一刹那一刹那の連続で生きているんですね。

別の言い方をすると瞬《まばた》き一回だそうです。瞬きを一回すると人生が一回終わる。また目を開いたら別の人生だというわけです。

山平　悠久の宇宙からいうと、人間の一生は瞬きの一瞬ですか？

小林　ははは、そういうことですね。一瞬なんですよ。

小林　結局、宇宙の大きな方程式でいうと投げかけたものが返ってくる、投げかけないものは返ってこない。だから、いまある状況に囲まれている人がいれば、その過去に投げかけたものの集積としてそれに囲まれている。もし未来で、ある状況に囲まれたければ、いまこの瞬間に投げかければその状況に囲まれる……、そういうことなんですね。

小林 つい先日の話です。事務所を経営するある奥さんがやってきて言うんです。給料が遅配になったら従業員からひどい言われ方をする。そのストレスたるや、心の持ちようなんかではありません。なんとか解決策がほしい……と言うんですね。あなたがたは二十年間、その事務所をやってきて、夫婦そろって従業員にひどい言い方をしませんでしたかと尋ねると、大きくため息をついてたしかに言ってきました、「誰が食わしているんだ」とか、「出ていきたい人は出ていってもいいのよ」とか、言ってきたというのです。

自分が投げかけたものを今度は自分が返される番になったら、一分間で解決してくれというのでは、それは虫が良すぎますねとご返事しました。

ひどい言葉を言われるのがどれほどつらく悲しいか、体験的に分からないといけないんです。それが分かった瞬間に、今日ただいまから、どんなにつらくても従業員に対してひどい言葉を浴びせない、そう決意することが自分の未来をつくりますと伝えました。その結果、十年後かいつか、この人たちから暖かい言葉をいただくかもしれないんですね。

考えるべきは「今」なんですね。

私たちは過去を修正することはできないし、未来を構築することもできません。できるのは目の前に積み木を重ねていくしかないんです。それが分かれば何も考える必要はありませんね。目の前の人、目の前のことしかないんです。いちばん大事なことなんてありません。一番も二番もないのです。それしかありませんから。

風が吹いているか、川が流れているか

山平　ところで小林さんの言葉に、「風が吹いているか、川が流れているか」というのがありました。人間、何かをやろうとするときに、あたりの様子をつかめ、それが風の吹き具合であり川の流れ具合だというのですね。この表現がすばらしいですね。僕が独立して会社を始めたのも、ほんとうに風が吹いていたか川が流れていたかというと、怪しいものですね。ほんとうにそういう雰囲気があったのかと問われたら、ちょっと考えますね。

小林　ぜんぶ必然なんです。一つでも欠けていたらここにはいませんよ。なに一つ否定するものはありません。「全部」が感謝の対象です。その「全部」に対して「ありがとう」って手を合わせられたら、局面が変わります。ぜんぶが味方になります。神、仏、守護霊、精霊、友人、知人、家族、そして私の体がすべて味方につきます。あれがよくてあれが悪いというのはやめた方がいい。

　いままでいやなことがあったという認識はそれはそれでいいのです。しかし、いまこの時点で自分が立っているためには、その現象が絶対に必要だったのですね。その因果関係

が分かれば、いやだったと思うことさえ、いやなやつだと思ってる人さえ、手を合わせる対象になります。そのとき、人生が変わります、激変しますよ。損得勘定であっても、過去のことに「ありがとう」と手を合わせてみると変わります。

神は心を問わないみたいですよ。

山平 神は心を問わないといいますと……？

小林 ええ。問わないというのは、心が入っていれば程度や頻度の問題が高まるでしょうが、心が入ってなければ実現してあげないという対応はないようです。自力で何でもやるのが一だとすれば、心がこもってなくても六か七はくれそうです。心から「ありがとう」と言っていると十でしょうね。

山平 神は何が好きなんですか？

小林 神が好むのは謙虚さでしょうね。

謙虚であるというのは、たとえば人前で話ができないとか、いつも陰に隠れているというような意味ではなく、自分がすごい人だと思わないこと、特別だと考えないこと、選ばれた人だと誤解しないこと……。

たとえば空海は「一木一草、師ならざるはなし」と言いました。

親鸞は「弟子はいない。すべてが師匠だ」と言いました。

自分は大したものではない、ろくな者ではないと認識していること……。そういう人を好むようです。

小林　神は美しいものも好むようですね。私たちは神の予備校生ですよね。そうしてみると、私たちの魂の中には神と同じ方向性が埋め込まれているようです。人間の側から見て美しいものというのは三つあります。
見目、形、容姿、容色……、これが一つ。心の美しさというのが二つ目、身のまわりの整理整頓というのが三つ目です。美しいものとして好意を感じるようにインプットされているのがこの三つの項目らしい。見目、形の美しさに惹かれ、同時に心の美しさに惹かれ、そしてきちんとして汚れていないことに惹かれるようです。これらは三つ同時にそろわなければならないというのではない。これでもいい、それがなければあれでもいい、という関係です。三つぜんぶそろっていてもいいが、一つでもいいんですね。

山平　三つあればベストですか？

小林　それはそうでしょうが、そんな人はめったにいない。

山平　三つともない人、見目・形は悪い、心もよくない、整理整頓もできない……、こういう人はどうします？

小林　誰からも相手にされないでしょうね。

山平　見目・形、これは遺伝子によりますね。これ以外にも方法が二つある……。これは元気が出ますね。

小林　はい、そういうことが分かりました。

山平　この情報も何ものかが小林さんに囁いてきたのでしょうか？

小林　そうです、最近のことでした。まだ一ヵ月しか検証してませんがほぼ間違いないと思います。

山平　その囁いてくるというのはどういうことですか？

小林　囁きがくるというよりは、思い出すんですね、ふっと。その感覚が思い出すというのにそっくりなんですね。でも前に聞いた覚えがないし、だから思い出したのではない……、だから囁きなんです。

超能力に留まらなかった

山平　小林さんは超能力から入って、人生論、宇宙論までいきましたね？

小林　そう、私は超能力の部分で、スプーンを曲げるとかカードを読み取るとかに留《とど》まらなかった。スプーンを曲げるには、イライラしていては曲がらないことが分かったときにおもしろくなったんです。執着してないこと、ベータ波でないこと……。ベータ波で片づく問題もあるかもしれないけれど、どうもそれでは手に余ることがある。一五パーセントの力では解決できない世界があるのではないか。もっと先に踏み込まないとダメじゃないか……。

人格を向上させないと、大きな扉は突破できないように神が設定した……。

山平　ということは後になって知った？　あのころはまだ見えなかったのですね？

小林　そう、分かってきたんですよ。二十一、二歳のころはぜんぜん分かりません。スプーンを千本も曲げてきてやっと分かったんです。

山平　そういう道から入ってもいいし別の道から入ってもいい。坊さんがずっと修行してから悟りに入ってもいい。そういうことですか？

小林　そうです。人格論でもいいし、滝に打たれて成長していってもいい……。どんな道から入ってもいいのですが、たまたま私は超能力の研究から入った。イライラしてるとスプーンが曲がらないことが分かった。そうしたら、イライラしなければ自分の八五パーセントの潜在能力が動員できるということが分かった、あるいは、私はいろんなことが読み取れるようになった。

じゃあ、イライラさせることに満ち溢れている世の中で、どうしたらイライラしないで済むかというのが次のテーマになったわけです。つまり人生論、宇宙論にも踏み込まざるを得なかったのです。

お釈迦さまとの出会い

山平　そうしてお釈迦さまの「色即是空」と出合ったのですね？

小林　はい、その段階はこういう構造でした。

「悲劇も不幸も存在しない。そう思う心があるだけ」。私たちにストレスを与えること・もの・人……、それを心理学ではストレッサーと呼んできたのですが、そんなものはこの世には存在しない。自分がストレスを感じた瞬間にそれがストレッサーになるのだ、と分かりました。それが分かったら、なんと二千五百年前に、お釈迦さまが「色即是空」という一言でポンと言い切っていたのに気がついた！　ああ、すごい人だなあ、私が五十年かけてやっと分かったことを、この人は二千五百年も前に気がついていたんだとショックを受けたのです。

山平　ショックを受けながら、一方で敬愛の情を覚えたのですか？

小林　そう、この人はすごい人だということが分かったのですね。だから五十年かけてやっと分かった人間が、二千五百年前のこの人にすごい親しみを感じるわけですね。ああ、この人も分かっていたんだって。ちょっと不遜な言い方で、お釈迦さまに失礼ですが。

山平　そういうことでしたか。

あるところで小林さんは、キリストが人間のあるべき姿を求めたのに対して、釈迦は人間の原型――いい加減でだらしなくてどうしようもなくて、つまりごじゃごじゃどろどろしている――泥とそこから立ち上がってくる蓮の花、それを評価した。だから釈迦が好きなんだということを言っています。だけど、それだけではなく個人的な思いもあったのですか？

小林　そうですね、同じことを知っていたという思いがありますね。それをメッセージとして後世に向けて投げかけていた……。

それを一般的な解釈では、「色」とは目に見えるものであって、存在するものであって、それはもともと無いものだと思え、といいます。そうしたら百万円の陶器だって割っても痛くも痒《かゆ》くもないでしょうと。

それは実際の日常生活には使いにくい方法論のように思えます。我慢しなさいといっているわけだから。私が言ってるのは我慢ではない。我慢じゃなくて、もともと現象には色がついていないということを言いたいわけです。

山平　色即是空の解釈ですね？

小林　解釈は人によってぜんぶ違っていいんだと思います。ただ、一般論では、色即是空を、目に見えるもの、生あるものは必ず死し、形あるものは必ず滅すという意味に色即是空を捉えなおしています。「無」である、というわけです。もちろんこれは、仏教の根幹をなす「無常」という考え方で、それはそれで間違っていないと思うのですが、色即是空の意味はそれだけを言っているのではなく、もっと深いのではないでしょうかね。「無」じゃない。『般若心経』では、「空」と「無」を両方使っているのだから、「空」イコール「無」ではないというのが私の解釈です。

しかし、一般的解釈はどうでもいいんです。色即是空の意味がそうであるのが分かった瞬間に、私の中で幸不幸がなくなってしまったということなんですね。自分が、勝手に色をつけて見ればいいんだって。だから、すべてのことに否定的で、不幸だ不幸だ、悲しい、つらいと受け取るのが、その人の趣味で好きなんだったらそれでもよし、それが楽しいんだから、権利だから、やっていってもいいのです。反対に、その「空」の現象に対して、嬉しくて、楽しくて、幸せだって思う方が、自分にとって嬉しく楽しく幸せなんだったら、そういうふうにとってもいい、自分だけの問題だから。

第三の方法は、同じ「空」なる現象に対して、何ものかがそうしてくださったのだから、「ありがとうございます」と思うことが、自分にとって楽しく幸せなんだったら、そのように思ってもいい、そう思ったわけですね。

捨てる

山平 小林さんの考え方の核の部分ですね。シンプルだけれど、ものすごいことに気がついたのですね。これが分かったら多くの人たちが悩みから解放されるだろうと思いました。

山平 ところでちょっと戻りますが、小林さんのようにはいかないで、超能力者の段階で終わる人もいるわけですよね？

小林　あるパーティーで私の友人が有名な超能力者に会ったそうです。ところが以前と変わらずほとんど超能力の話ばかりだったので、あなたはいつまでそんなことをしてるのですかって、私の友人が言ったそうです。いつまでそんなことにかまけてるんだ、どうして、そこから先に行かないんだって……。

山平　それはすごい。

小林　でもまあ、他人のことはどうでもいいんです。批判するというのは私の趣味ではないから。

私の場合は、まさかそういうふうに展開するとは自分でも思っていなかったのです。超能力を勉強していったら人格論になる。人間の心の問題になるとはぜんぜん読んでなかった。宗教の話をした人はいる、超能力の話をした人もいるけれど、超能力はじつは、心の問題なんだというところは誰も言わなかった……。

山平　たとえば修行を積んだお坊さんが、なにかがさっと見えてきてその世界に入るって、そういう逸話というのはありますね？

小林　あり得ます。

山平　そういう方々は何をもって、その八五パーセントの世界にアクセスしていくんでしょうか？

小林　アルファ波からシータ波に入った、ということでしょうね。

山平　脳波を変えていくのですか？

小林　はい。だから、修行を積んだ坊さんというのは、ふつう、起きてお話をしていても脳波を測るとアルファ波しか出ていない。八十歳とか九十歳になってみんなから尊敬されているような、なにがあってもニコニコしているような人っていうのは、脳波を測ると起きているのにアルファ波しか出ていない……。

山平　それは修行から入っていくのですか？

小林　そうだと思います。過酷な修行をして朝晩の勤行《ごんぎょう》をしたり、水垢離をしたり、山の中を歩きまわったり、他の人にはない修行をやってきたという自負があるでしょうね。だからたいがいのことはできる。どんな相談を受けてもちゃんと答えられる。どんな人に出会っても必ず尊敬を受けるというような意味で、頑張る必要がなくてリラックスした状態で生きているっていうことでしょうね。競い合うことも、較べ合うこともいらないんだから。

山平　たとえば、千日回峰をやり遂げたような人が、難行苦行をやり遂げたというところで止まってしまう人もいますよね？

小林　かもしれません。

山平　つまり、難行はやったけど、ちっとも肝心のところにアクセスしていない人だっているかもしれない？

小林　そうかもしれませんけど、それは分かりませんね。ぜんぶを聞いているわけじゃないですから。ただ、どんな修行をしてもオールマイティーではないし、逆にいうと、その修行をしなければ絶対にあるところまで行けない、ということも言えないと思います。

小林正観はなんにも修行はしていないし、荒行や難行苦行は一切していないけれど、とりあえず、悩み、苦しみ、苦悩、煩悩がないところまではこられた。生身の体でありながら、ありとあらゆる悩みから解脱することができた……。そういう一例でしょうね。

山平　そこがすごいところですね。高橋信次さんなんかも、そうでしょうか？

小林　そうだと思いますね。いきなり悟ってるんですから。

山平　つまり、道はワンパターンじゃなくてもいいわけですね？

小林　解脱を得ようと思って一生懸命に難行苦行をするというのは、「解脱」を求めての

「執着」のような気がします。

山平　難行苦行自体はまだ執着なのですね？

小林　解脱って結局捨て去ることですからね。難行苦行で得られることというのは、求めてもどうしようもなくって、最後には結局捨てるしかないじゃないかということではないでしょうか。得ようとして頑張っているうちは、修行の方向が違うのかもしれない。捨てることがイコール人間が解脱すること、悟ることである……。

それが分かったら、難行苦行はいらないと思います。得ようとすることはすごく大変なことだけど、捨てることは楽ですよね、捨てればいいんですから……。

山平　小林さんは捨ててみたわけですね？

小林　苦集滅道《くじゅうめつどう》ってありますよね、釈迦の言った……。その苦諦《くたい》、集諦《じったい》、滅諦《めったい》、道諦《どうたい》、というのをやってみようと思ったのです。そんな簡単な四つのことで、簡単に人間は悟れるものじゃないと思ったのです。とりあえずやってみて、やっぱりできないじゃないかと言おうと思っていたわけです。

やってみたら、なっちゃったんです。やってみたら、それで分かってしまった。なるほど、捨てちゃえばいいんだって。簡単に捨てられたんです。

もともと私は家族愛とか家族運とかあんまり恵まれていないのです。親が喧嘩し続けた家で育ってきましたから、家族愛とか夫婦愛とか見てないわけですね。だからそういうのに対して執着がなかったんでしょうね、もともと。

山平　でも一瞬は執着したでしょう？　争いのない家庭をつくろうとか思いましたね？

小林　ああ、結婚するときはそうでしたね。争いのない家庭をつくろうと思いましたよ。だけど実際に争いのない家庭が手に入ってしまったら、別にそこでなんとかして、悪あがきをする必要がないわけですから。

山平　長女の存在も大きかったようですね？

小林　そうですね、はい。だからそれを教えに来てくれたんですよ、間違いなく長女が。

そういうことも含めて、シナリオがぜんぶ、たまたまではなくて、ぜんぶできていることが分かったんですね。

でもそういうのを感じない人もいるでしょうね。長女みたいな子供を目の前に突きつけられても、私のような結論にならない人もたくさんいると思う。そういう結論になるようなシナリオを書いている人にそういう子供がくるというのが、シナリオだったのですね。

人生の目的

山平　小林さんがよく引き合いに出すたとえ話に、コップの水がありますね。コップがあります、水が半分入っています、それを見たとき、人の反応は三通りある……。一つは、なんだ、水が半分しかないのかと文句を言う、二つ目は、半分もあって嬉しいと感じる、三つ目は、何ものかが半分も残してくれてありがとうと感謝する……。コップに水が半分入っているというたとえは、この世の現象の象徴ですか？

小林　そうです。人生を過ごすうちに起きてくるあれこれの出来事です。別れ、火事、家出、病気、喧嘩、戦争……、なんでもかまいません。

そのコップを見て、水が半分しかないのかと文句を言う。この立場から一歩進歩して、不平不満、愚痴、悪口、泣き言、文句を言わなくなる……、これが「五戒」です。「五戒」が身につくということは、魂の進化に則していえば三三パーセントの出来なんです。同様に、嬉しい・楽しい・幸せと感じるのが六六パーセントの段階、「ありがとう」と言えるのは九九パーセントの段階なんです。

山平　そうなった方がいいということですか？

小林　私たちの人生の目的というのは、この世に痕跡を遺す、なにかすばらしい業績を遺すといったものではないのですね。つまり、なにか大きな目標を掲げ、それを達成する、後世にまで伝わる作品を遺す、名を遺す……、そういうために生きているのではないようだ、というのが私の結論です。

山平　ふーん？　では何が目的なのでしょうか？

小林　この世を生きるということは、雨あられのように降ってくるありとあらゆる現象に対して、いかに不平不満を言わないようになるか、これが第一段階です。さらに同じ現象に対して不平不満を言わないどころか、いかにその現象の中に「嬉しい・楽しい・幸せ」を見つけるか、これが第二段階です。最後に同じ現象の中で、いかに「ありがとう」と感謝することができるか、これが第三の段階です。

人間は、結局これが問われているのだと思います。

次から次にこれでもかこれでもかといろいろな現象が降ってきます。

それを三つの段階に合わせ、一次処理し、二次処理し、三次処理できるように訓練していくのです。ただその訓練のためだけに、人間は肉体と魂を与えられたようなのですね。だから、この三段階処理をひたすら続けていけばいい、ということになります。ただ淡々とこの作業を九九パーセントに至るまでやっていけばいいのです。私たちは結局、その見方の訓練をするために生きているのですね。

山平　そうしますと、最後の一パーセントは何ですか？

小林　それが「徳」です。「ありがとう」と万物に感謝し、それを続けていった先に「徳」があります。徳とは感謝されること、他人から喜ばれることです。何かをしてあげたからその代わりに感謝されるのではなく、ただそこにいるだけで感謝される……。そういう存在になることが徳なんです。そうなると人が集まってきます。その人がそばにいるだけで周りが安らぎ、暖かく幸せになること……。そういう状態が至福なんでしょうね。「太陽のような人」といってもかまいません。これが魂の進化なんですね。

人として生まれたからにはこの至福の状態――最後の一パーセントの境地――を味わってから逝きたいものです。

九九パーセントの段階までは自分の努力で到達することができますが、「徳」の存在になるかどうかは他人の評価ですから、これぱかりは自分の力ではどうすることもできません。最後の一パーセントが、究極の状態でしょう。

山平　徳とは自己判定ではなく他人の評価なのですね？

小林　そうですね。ですから無人島に住んでる人にはこれは達成できませんね、他人の評価なんですから。他人から与えられるものなんですね。だからこの百パーセント目を自分で希望した瞬間に、それまでの精進は消えます。エゴになるんですね。また再び九九パーセントへの道をくり返さなければなりません。そういう意味でこの一パーセントが至上の価値なんです。

山平　阪神大震災のときに、私財をすべて投げうって一日に何百食も被災者に配った人がいたそうですね？

小林　そうです。みんながすごいといって、後になって講演依頼が殺到したそうです。ところが、講演でその人はみんなに向かって、どうしてあなた方もそうしないのかと言ったそうです。満場がシーンと静まり返って、身動き一つなかったそうです。そのとき以来、講演がなくなったと聞きました。彼は自分の努力で、あるいは九九パーセントまでいける人だったかもしれませんが、最後の一パーセントにつまずいた、徳がなかったのですね。

ジャプトーバーの時代

山平　二十一世紀は、どんな時代になるのでしょうか？

小林　二十一世紀は架け橋ですね、二十世紀と二十二世紀の。この百年で西洋文明から東洋文明へと価値観が変わって、それがその後三千年続きます。その礎《いしずえ》がこの百年で出来上がります。

山平　ほう、二十一世紀が東洋の時代という人はいますが、三千年王国ですか？

小林　釈迦が言ったジャプトーバーですね。自分の教えが、末法の時代になってから五百年ほどたつと、つまり二千五百年後ですね、インドのはるか東方にジャプトーバーという国があって、その国で自分の教えや考え方が正しく理解されなおす……。末法の世に入ったら自分の教え、考え方が正しく伝わらないと言っているわけです。それが五百年たって、ジャプトーバーで認識されなおす……。

山平　ジャプトーバーはもちろん日本ですね？

小林　そうです。その国の人々は争うこと、闘うことが嫌いな人たちで、その考えと自分の教えが正しく理解されることが相まって、融合して平和な世界が始まる。そこから三千年間、平和が続くだろうと釈迦は言ったのです。

山平　その方向はどうですか？

小林　まさにその動きがジャプトーバーに出ている……。私はこの三十三年間の中で初めてこの数年間の手応えをすごいと思っています。三十三年間見つめてきたから分かるのですが、ぜんぜん違います、この二、三年は。日本人の心の有り様というのがまったくそれ以前とは違う。お釈迦さまの二千五百年前の遺言はほんとうなんではないでしょうか。
だから私は環境問題とも闘わないし、世の中が悪くなったなんて一言もいわないのです。そうではなく、三千年王国に向けての第一歩が始まったと思っています。

「ありがとう」の時代

山平　小林さんはそういう確かな手応えを感じています？
小林　ありますよ、明らかに。だって、「ありがとう」を一億八千万回言っている人が人類史上で初めて生まれてるんですよ。いま確認されている最古の人骨は千五百万年前というんですが、その歴史の中で初めてそういう人が出てきたんです。たぶん一億回以上、「ありがとう」を言った人は皆無でしょうね、サンキューでもメルシーでも。いまだかつてなかった時代に生きているといってかまわないんですよ、現在は……。「ありがとう」

の時代なんです、それだけでも……。伝説の人ではなく、いまその人は生きているのですから。

山平　しかし別の動きをする人もあれば、そうじゃないという人もいますね？

小林　自分と考えが合わない人というのはもちろんいますよね。その人たちを敵にまわしたり非難したりはしない。その人たちにはその人たちの人生があり、考え方があり、そういう教育の中で生きてきたのだから。私もかつてそこにいたので分かっているつもりです。その人たちの九九パーセントが自ら選択したのではない、それしか教わってこなかったというだけなんです。闘うことしか人生の価値がないと教わってきたので、他の選択肢を知らないというだけなんです。それがいやならドロップアウトするしか方法がなかったのですね。闘うかドロップアウトするか、その二者択一でした。

しかし、いま第三の道があります。みんなと協調しながら、喜ばれる存在としてやっていけばいいんだ、ドロップアウトするんじゃなく、闘わないことをはっきり認識した上で、みんなと笑顔でやっていくという選択肢もあるんです。

山平　みんなの時代認識も変わっていますか？

小林　それはもう、明らかに変わっていますね。私の話を聞いてくれる人を見ていますと、確かに手応えがあるという気がしますね。自分がなぜこういう心の勉強をしているのか……、あなたはジャプトーバーという時代を選んで生まれてきたんですよ、というと、ああ、そうだったのかと納得する人がたくさんいます。わざわざそういう時を選んでこの世に生命と肉体をもらって出てきたのですね。

先日、あるところで、今日お会いすることが二、三百年前に決まっていたのですよ、お久しぶりでしたと挨拶したら、最前列にいた五十歳ぐらいのご婦人がワアッーと泣き出しました。号泣でした。

山平　何かを呼び起こされたのでしょうか？

小林　そうでしょうね、たぶん心の中で。そう挨拶された瞬間に、自分の中でそうだろうかと思った一、二秒があると思うんです。そうだろうかと自分の心に問いかけた後に、それに対する反応が出てきたんでしょうね。どうもそうらしいとかね。そうらしいという言葉の代わりにいきなり号泣した。すごい勢いで泣き出しましたね。会場が一瞬シーンとなってそれからどよめきました。全員にみんな聞こえるぐらい大声で泣きました。

山平　何かに思い当たったのでしょうか？

小林　そうでしょうね。そういうことがよく起きています。そういう手応えが自分の中で確かにあります。おもしろい時代なんです。つまり、生まれる前に魂がちゃんとシナリオを持っていて、そのシナリオに関わっている人たちが小林正観のところに来てくれるんです。おもしろいですね。わくわくしますね。

〈あとがき〉

うっすらとですが、小林正観という不思議な人物の輪郭が見えてきました。

小林さんはスプーン曲げやカードの読み取りなどの超能力からスタートしたのですが、いわゆる「超能力者」に留まらなかったこと、まずその点がおもしろいところです。ふつう、この種の力を感じた人はこのへんで遊んでしまうことが多いようです。

小林さんはそこに留まらなかった。超能力を経て、もっともっとおもしろいことに遭遇したからです。こっちの方が何十倍何百倍もおもしろいのです。

小林さんが学生時代に高橋信次さんと出会ったことは運命的でした。

唯物論者が、その実証性ゆえに神や仏の存在に気づかされていくのは劇的でした。

子供さんからガツンと衝撃を与えられたのも必然だったのでしょう。

「宇宙には不幸や悲劇は存在しない。そう思う心があるだけ」という仮説を立てていた小林さんが、「色即是空」という言葉を遺していたお釈迦さまに出会ったのも、なにか暗示的です。小林さんは「ほう、すごい人がいたんだ！」と驚き、そして感動します。

ふつう、お釈迦さまといえば、はるか彼方にいて崇め奉る対象なのですが、小林さんからいうと、「そう、あなたも分かっていたの！」という同志の感覚です。このとき、お釈迦さまという偉大な存在が、その形や歴史の重さではなく、後世にいちばん伝えたかった一点で、それを学ぼうとする者と交流します。

宮澤賢治でもヘーゲルでも誰でもいいのですが、ある研究対象のエッセンスを、「ああ、これだ！」とその核心で捉えられることはめったにありません。小林さんの非凡さがキラリと光ります。そういえば小林さんが、お釈迦さまの「四諦」をやってみて、するっと「できちゃった」というのは驚異的です。

こうして小林さんは、この世の仕組みや構造がどうなっているか、この天空を貫徹している宇宙の方程式が何なのか……、つまり森羅万象の中に筋道があることに気がつきます。

そこから得た方程式はおよそ百項目ほどになるそうですが、いま提言しているのが、「ありがとう」です。「ありがとう」を口にすると、なにか奇跡が起こるというのです。

「ありがとうの時代」だというのです。

これまで理想と現実のギャップを衝いて、そこでの生き方を説く道学者ふうの人は結構世の中にいっぱいいいました。どうも小林さんはそうではないようです。

そうすべきだああすべきだ、という「べき論」ではないのです。といって精神論でもありません。

構造が見える人、天空の方程式がよく見えている人、なのです。ですから、それはほら、こういう構造になっていますね、だからこうした方がいいんじゃないですか……。そういう言い方が小林さんには多いのです。解説はするがその先はどうぞご自由に、という完璧な個人主義が横たわっているのです。

それは、天下国家を心配するのではなく、「まず自分が悟ればいい」という小乗仏教に近い考え方にも表現されています。

そこが二十世紀ふうではなく、なにやら二十一世紀の感覚です。

なにより驚いたのはその明るさでした。ジョークを飛ばしながら、いつもニコニコ明るく、笑いを誘います。構えてもいません。それらしくもないのです。

やっぱり、不思議な人なのです。

小林さんがこの先どこへ向かうのか。久米の仙人になるのか、お釈迦さまの道を歩むのか、それとも変わらずひっそりと町の片隅で「ちょっとアホな太陽」であり続けるのか、それは分かりません。しかし、いつも飄々として風に吹かれている小林正観さんの姿が心に残ります。

というわけで、これでつたないインタビューを終わります。

小林正観さん、超多忙の折りにお話を聞かせていただきまして、ありがとうございました。

原稿を読んでくださった山添由美子さん、テープを貸してくださった小野寺大造さん、プレシードの高島亮さん、講演会や旅先でいろいろご配慮いただいたたくさんの方々に深くお礼を申し上げます。

ありがとうございました。

山平　松生

〈おもな参考文献〉

『井深大が見た夢』（佐古曜一郎　風雲舎）
『胎児から』（井深大　徳間書店）
『守護霊との対話――中川昌蔵の世界』（小林正観　弘園社）
『波動の報告書――足立育朗の世界』（小林正観　弘園社）
『愛しのテラへ』（岡田多母　風雲舎）
『22世紀への伝言』（小林正観　弘園社）
『こころの遊歩道――一日5分のこころの散歩』（小林正観　弘園社）
『こころの宝島――知って楽しい日々の智恵』（小林正観　弘園社）
『で、何が問題なんですか？』（小林正観質疑応答集　英光舎。）
『生きる大事・死ぬ大事――死を通して考える新しい生き方』（小林正観　弘園社）
『宇宙が味方の見方道――小林正観見方考え方とらえ方実例集』（英光舎。）
『幸せの宇宙構造――すべての人が幸せになる方法』（小林正観　弘園社）
『死ぬ瞬間』（キューブラー・ロス　鈴木晶訳　読売新聞社）
『前世療法』（ブライアン・ワイス　山川紘矢・亜希子訳　ＰＨＰ）
『セスは語る』（ジェーン・ロバーツ　紫上はとる訳　ナチュラルスピリット）
『チベットの生と死の書』（ソギャル・リンポチェ　大迫正弘・三浦順子訳　講談社）
『笑いと治癒力』（ノーマン・カズンズ　松田銑訳　岩波書店）
『気功的人間になりませんか』（帯津良一　風雲舎）
『原説般若心経』（高橋信次　三宝出版）

小林正観（こばやしせいかん）

1948年東京深川生まれ。中央大学法学部卒。心理学・社会学・教育学博士。作詞家&歌手。学生時代よりESP現象、超常現象などに興味を抱き、旅行作家のかたわら、コンセプター（基本理念の提案者）として、「ものづくり」「人づくり」「宿づくり」「町づくり」などに関わっている。

著書に、『22世紀への伝言』『こころの遊歩道』『こころの宝島』『生きる大事・死ぬ大事』『幸せの宇宙構造』（弘園社）『宇宙方程式の研究』『釈迦の教えは〝感謝〟だった』（風雲舎）『お金と仕事の宇宙構造』『究極の損得勘定』『究極の損得勘定Part 2』（宝来社刊）『宇宙を味方にする方程式』（致知出版社）など多数。

山平松生（やまだいらまつお）

1939年生まれ。岩手県一関市出身。出版社勤務を経て、1996年㈱風雲舎を設立。同社代表取締役。

宇宙方程式《うちゅうほうていしき》の研究《けんきゅう》
小林正観《こばやしせいかん》の不思議《ふしぎ》な世界《せかい》

初刷二〇〇一年六月二十五日
九刷二〇〇九年九月十日

著者 小林《こばやし》 正観《せいかん》
山平《やまだいら》 松生《まつお》

発行人 山平 松生

発行所 株式会社 風雲舎
〒162-0805 東京都新宿区矢来町122 矢来第二ビル
電話 〇三―三二六九―一五一五（代）
注文専用 〇一二〇―三六六―五一五
FAX 〇三―三二六九―一六〇六
振替 〇〇一六〇―一―七二七七六
URL http://www.fuun-sha.co.jp/
E-mail mail@fuun-sha.co.jp

印刷 真生印刷株式会社 製本 株式会社難波製本

ISBN4-938939-23-1

風雲舎の本

わが道はチベットに通ず——盲目のドイツ人女子学生とラサの子供たち

サブリエ・テンバーケン 著　平井吉夫 訳

チベットに盲学校をつくった盲人女子学生の喜び。チベット・ラサの子供たちは、勇気と誇りを学んだ。目は見えなくても、心で見ればすべてがよく見えるのだから。

〔四六判上製　定価（本体1800円＋税）〕

ニューウエイズになぜ人が集まるのか——使命感《ミッション》を得た豊かな人々

山平松生 著

「ニューウエイズ」というネットワークビジネスがすごい！　そこに行けば、人は豊かになり、そして何か使命感を感じるのだという。そこに集う人々の人生観の変化を見ながら、新しいビジネスの内容と展開を探る。

〔四六判並製　定価（本体1400円＋税）〕

あなたも作家になろう——書くことは、心の声に耳を澄ませることだから

ジュリア・キャメロン 著　矢鋪紀子 訳

書くことは、ロックのライブのようなものだ。ただ汗であり、笑いなのだ。小綺麗にまとめたり完璧である必要はない。エネルギー、不完全さ、人間性、それが、書くことだ。

〔四六判並製　定価（本体1600円＋税）〕

ストン！——あなたの願いがかなう瞬間《とき》

藤川清美 著

念じつづければ願いがかなう。それがストン！だ。「潜在意識」にお任せし、ひらめき（シンクロニシティ）をつかめば、きっとあなたにも成功が待っている

〔四六判並製　定価（本体1400円＋税）〕

釈迦の教えは「感謝」だった
——悩み・苦しみをゼロにする方法

小林　正観　著

そうか、「般若心経」はこう読めばいいんだ、こう読めばストレスが減るんだ！
般若心経・写経ファンには必読書です。目からウロコが落ちます。

〔四六判並製　定価（本体1429円＋税）〕

アセンションの時代
——迷走する地球人へのプレアデスの智慧——

バーバラ・マーシニアック　著
紫上はとる＋室岡まさる　訳　小松英星　解説

地球はどうもおかしい。いったい、この地球上にいま何が起こっているのか。
「アセンション」をめぐる完全情報！

〔四六判並製　定価（本体2000円＋税）〕

風をつかんだ町
クリーンエネルギー・自然の財宝を掘りあてた岩手県葛巻町の奇跡

前田　典秀　著

風力、太陽光、バイオマスで電力自給率185％、エネルギー自給率80％！
過疎の町がどのようにしてエネルギー日本一になったたか。

〔四六判並製　定価（本体1600円＋税）〕

みんないい人ね
——曇りのない心で生きる——

迫　登茂子　著

上から光が一杯入ってきた。はみ出した光で、全身が包まれた！
神の言葉を取り継ぐことになったある主婦の不思議な物語。

〔四六判並製　定価（本体1600円＋税）〕

風雲舎の本

腰痛は脳の勘違いだった
——痛みのループからの脱出——
戸澤 洋二 著

腰が痛い。あっちこっちと渡り歩いた。どこの誰も治してくれなかった。自分でトライした。電気回路的に見直したのだ。激痛は、脳の勘違い——脳が痛みのループにはまり込んでいたのだった。

〔四六判並製　定価（本体1500円＋税）〕

夜明けの子供
——賢者と、富と幸福の秘密——
ゴータマ・チョプラ 著　丹羽俊一朗 訳

息子ゴータマ・チョプラは、〝夜明けの子供〟だ。それは世界を変容させせんとする新しい意識のことだ。本書では、主人公ハキム少年の人生を介して『人生に奇跡をもたらす7つの法則』の方法が、実際に生かされ、証明されていく——父・ディーパック・チョプラ

〔四六判上製　定価（本体1600円＋税）〕

静けさに帰る
——人はどう生きるのか——
加島祥造・帯津良一（詩人と医者の樹陰対話）著

水の行く先は——海　草木の行く先は——大地。いずれも静かなところだ。すべてのものは定めのところへ帰る。

〔四六判並製　定価（本体1500円＋税）〕

さぁ、出発だ！
——16年かかったバイク世界一周——
クラウディア・メッツ＋クラウス・シューベルト 著
スラニー京子 訳

夢は追っかけてみるもんだ。追っかけたら、夢が夢でなくなった。

〔四六判並製　定価（本体2000円＋税）〕